CB079349

SENHOR EXU CALUNGA

UM GUARDIÃO DA LEI NA UMBANDA

José Augusto Barboza

Ditado pelo M.S.L. Ilhór-Kirsh-Naárgon-Aoum-Hamfér-Yê

Senhor Exu Calunga

Um Guardião da Lei na Umbanda

MADRAS®

© 2024, Madras Editora Ltda.

Editor:
Wagner Veneziani Costa (*in memoriam*)

Produção e Capa:
Equipe Técnica Madras

Revisão:
Ana Paula Luccisano
Neuza Alves

Dados Internacionais de Catalogação na Publicação (CIP)
(Câmara Brasileira do Livro, SP, Brasil)

Barboza, José Augusto
Senhor Exu Calunga: um guardião da lei na umbanda/ José Augusto Barboza ;
ditado por M.S.L. IIhór-Kirsh-Naárgon-Aoum-Hamfér-Yê. -
- São Paulo : Madras Editora, 2024.

ISBN 978-65-5620-082-8

1. Exu (Orixá) 2. Mediunidade 3. Umbanda I.
IIhór-Kirsh-Naárgon-Aoum-Hamfér-Yê. II. Título.
24-211925 CDD-299.60981

Índices para catálogo sistemático:
1. Umbanda : Religião afro-brasileiras 299.60981
Eliane de Freitas Leite - Bibliotecária - CRB 8/8415

É proibida a reprodução total ou parcial desta obra, de qualquer forma ou por qualquer meio eletrônico, mecânico, inclusive por meio de processos xerográficos, incluindo ainda o uso da internet, sem a permissão expressa da Madras Editora, na pessoa de seu editor (Lei nº 9.610, de 19/2/1998).

Todos os direitos desta edição reservados pela

MADRAS EDITORA LTDA.
Rua Paulo Gonçalves, 88 — Santana
CEP: 02403-020 — São Paulo/SP
Tel.: (11) 2281-5555 - (11) 98128-7754
www.madras.com.br

Índice

Capítulo 1

O Encontro Carnal

Aquele homem primitivo caminhava a passos lentos pelo deserto árido, trajado em uma pele malcheirosa, retirada de alguma caça, provavelmente abatida durante sua peregrinação solitária. Tinha pelos malcuidados por todo o corpo, que se misturavam à cor da pele negra e desidratada, tinha também os olhos avermelhados e pequenos, evidenciando noites maldormidas, a magreza também denunciava profunda desnutrição. Possuía alta estatura, o que lhe dificultava a caça em lugares abertos.

A fome já cobrava seu preço lhe abatendo o ânimo, quando então avistou ao longe algumas cabanas. Uma chama de esperança se acendeu em seu coração, evitou correr para evitar o desperdício da pouca energia que lhe restava. Pacientemente seguiu pelo caminho traçado de maneira imaginária, apertando um pouco o passo. Contudo, intimamente, a dúvida o desanimava, pois tinha a impressão de que, quanto mais andava, mais distante a pequena aldeia ficava, porém, não desistiu e seguiu firme. A noite veio então e cobriu-lhe a visão, impedindo-o de avistar seu destino. Vislumbrava apenas o brilho das constelações celestes e ainda alguns clarões no horizonte distante por causa das explosões vulcânicas, comuns naquele período, no entanto, nada se ouvia, nem mesmo grilos ou coaxares, o silêncio era absoluto. Deitou-se ao relento, cobrindo apenas a cabeça, apoiando-a em um monte de areia e adormeceu profundamente.

Foi assim que a alma ignorante nele contida foi arrebatada, deixando o corpo inerte sobre a areia morna do deserto, como um ponto de luz que subia pela imensidão, junto a outras centenas de milhões de almas cansadas e aflitas. A impressão que se tinha era de que o céu estava desabando sobre a terra, tamanha era a velocidade com que isso acontecia. Então, um veículo celeste de enormes proporções estacionou bem acima do horizonte e passou a recolher todos de forma bem ligeira e partiu, deixando apenas o vazio da escuridão. Em seguida, a mesma quantidade de almas que subiu despencou do céu de modo delirante, e cada uma se estabelecia em um dos milhares de corpos inertes e até então sem vida sobre o planeta. Foi assim que assumi aquele corpo franzino, miserável e imundo.

Eu carregava no âmago a nobreza de uma alma soberana, mas não me atrevi a discordar dos desígnios a mim determinados. O dia já ia alto, e lutei para me levantar e sair do sol escaldante que fazia, mas foi em vão. O corpo fraco e quase sem vida não permitia tamanho esforço e eu me rendi, atendendo aos apelos da desnutrição. A mente reagia, mas o corpo não obedecia, e a letargia, aos poucos, foi me levando à inanição. Desmaiei e de nada lembro, a não ser da hora em que despertei no interior de uma cabana bem rústica, rodeado por mulheres seminuas e servis, algumas jovens e outras nem tanto.

Meneei a cabeça e tentei me levantar, porém uma mão pesada me impediu, era um ancião que supervisionava as atividades da tenda. Observando ao redor, vi que havia vários outros irmãos em iguais ou piores condições que eu. O velho tentou se comunicar, mas não entendi nada do que ele disse, mantive-me calado então. O odor do ambiente era horrível, como o de carne putrefata, misturado com o de fezes, contradizendo com o ambiente fresco da velha cabana. Pensei em silêncio: "Como podem querer curar alguém em um lugar assim?". A resposta não tardou e veio de forma inesperada: "Esta condição logo mudará, pois a evolução está em curso".

Diante desse cenário eu não conseguia comer, mas de alguma forma estava me recuperando, e tão logo me senti mais forte me levantei apressado para sair dali o quanto antes.

A paisagem já não era a mesma, já que tudo estava muito verde e florido, um grande rio passava ao lado da floresta, trazendo fartura de frutos e outros alimentos. Então, outra dúvida me surgiu: "Por que diante de uma paisagem tão exuberante as pessoas estavam sendo tratadas naquelas condições tão esdrúxulas?" Mas não encontrei respostas.

Caminhei distraído em direção ao rio, e enquanto me livrava daquelas peles imundas, buscava explicação para tudo aquilo, de forma que alcancei a margem completamente nu e desavergonhado sem saber que estava sendo notado por todas as mulheres dali. Entrei na água refrescante e me banhei prazerosamente, aproveitando para também lavar o couro de minhas vestes, expondo assim o corpo negro e brilhante ao sol. Revigorado, estendi a roupa em um galho fino de uma árvore e colhi uma fruta para comer, sem reparar na jovem que me espionava de maneira silenciosa, amoitada em um arbusto não muito longe de mim. Talvez porque o desejo sexual ainda não fizesse parte de minha consciência, eu nem pensei que expor minha genitália pudesse causar algum tipo de sentimento, fosse qual fosse. Preocupei-me apenas em comer todas as frutas que pude alcançar. Tão logo o manto que me cobria dos ombros ao joelho secou, eu o vesti novamente. Por causa da falta de recursos, tive que desenvolver alguns instrumentos e ferramentas para o preparo de alimentos, fazendo jus ao conhecimento que trouxe do outro plano evolutivo.

Foi assim que me tornei um ser da raça humana pela primeira vez, depois de ter passado por vários estágios evolutivos, porém sem conhecer a dualidade. Não me recordava de nada de vidas passadas, também não tenho a intenção de relatá-las. Mas deixo registrado que vim de Autáxia, que pertence à mesma esfera evolutiva de Capela, onde fui iniciado, licenciado e assentado à esquerda do Sagrado Trono Cósmico da Evolução, dirigido e postulado pelo Divino Senhor IIHór-Oum-Om-Hulu-Fér-Yê. Mas não quero me gabar disso, pois todas as minhas iniciações e nobreza foram inúteis diante da dualidade e das tentações que se seguiram em minha história evolutiva como espírito humano.

Eu me perguntava constantemente: "Que lugar é esse? O que estou fazendo aqui? Quem sou eu? De onde vim? Quem são essas pessoas?"

Então, um aperto no coração me doía na alma, creio que por algum resquício remanescente de outras eras. Debatia-me com uma saudade de algo que não conseguia identificar. No entanto, o sentimento de que uma missão deveria ser cumprida me tirava deste delírio momentâneo.

Estava quase sempre solitário, já que a comunicação era praticamente impossível, a não ser por gestos, o que nem sempre era eficiente. Então, em uma manhã, acordei curioso e resolvi seguir o curso do rio, me aventurando apenas com uma faca feita de chifre de cabra e um calçado de pele, também de cabra. Desci as corredeiras e depois de algumas horas me deparei com a vastidão do mar, onde ondas enormes se chocavam contra as pedras, causando estrondos ensurdecedores. Confesso que fiquei assustado, mas logo me habituei e me sentei em uma rocha bem grande e fiquei divagando sobre minhas dúvidas até o anoitecer, quando dormi e tive um sonho que mudou o rumo daquela encarnação. Deitado ali em estado de torpor, viajei para fora do corpo, conduzido por duas entidades que não pude identificar, apenas as acompanhei curioso. Eu nem sequer me dei conta que deixei o corpo inerte sobre a pedra iluminada pelo luar e pelas estrelas que se multiplicavam à medida que a noite avançava calmamente. O silêncio só não era total por causa dos estampidos das ondas se quebrando contra as rochas negras ao longo da praia. Parecia que era real mesmo; eu não sentia que estava em espírito, de tão palpáveis que eram as mãos dos amigos que me conduziam. Paramos diante de um recinto luminoso, porém sombrio, pois a luz era amarelada como a de velas, e as chamas tomavam várias formas e eu me divertia com elas. Subitamente, um ser abriu um pórtico, sem dizer nada e veio em minha direção. Em um gesto ligeiro, aplicou sua destra em minha testa e eu comecei a girar e girar, cada vez mais rápido e mais rápido, então passei a me recordar de minha origem e de minhas tarefas junto àquele povo primitivo. Depois de alguns minutos, surgiram algumas esferas reluzentes pairando na frente dos meus olhos; em cada uma delas se crivava um símbolo distinto que tomou forma e se instalou em mim, à medida que a grande entidade as orientava com seu cajado cravejado de rubis e outras pedras brilhantes, com símbolos idênticos aos das esferas. Ao final, Ele trocou de mãos e da mesma forma colocou a esquerda sobre meu frontal, fazendo com que eu girasse em sentido contrário. Fui dominado por uma profusão de sentimentos e acordei assustado, já restabelecido no corpo.

Levantei-me e me espreguicei mirando o horizonte onde o sol já despontava, anunciando a chegada de um novo dia em minha nova vida. Não me recordei do sonho e, por isso, uma sensação de vazio tomou conta de mim, como se algo tivesse ficado para trás, mas eu não sabia o quê. Olhei ao redor e vi um vulto apressado se esconder atrás de uma pedra. Sorrateiramente segui até lá e vi aquela tal jovem da aldeia, que me seguiu. Assustada, ela tentou se comunicar, falando de maneira frenética, temendo alguma represália de minha parte, mas eu a acalmei. Para meu total espanto, notei que a entendi.

– Tenha calma, menina, não vou lhe fazer mal algum!

Ela se limitou a ficar cabisbaixa, em silêncio.

– O que faz aqui?

– Eu segui você, fiquei curiosa para saber aonde ia...

– É muito perigoso, você deveria ter me avisado!

– Tive medo que não me deixasse acompanhar você, já que até ontem não entendia minha linguagem.

– Isso é verdade, nem mesmo sei como aprendi tão rápido!

Foi então que recordei do sonho noturno e me calei, mirando o horizonte e a manhã, que ainda trazia o brilho de algumas estrelas. Meneei a cabeça e tratei de apanhar um peixe em meio à maré rasa e o preparei em uma pequena fogueira improvisada, que acendi com uma habilidade que eu mesmo desconhecia até então, causando ainda mais admiração da menina, que também não estava tão asseada. Imediatamente, pedi que ela se lavasse na correnteza do rio que desaguava suavemente no mar, a qual me atendeu receosa, pois desconhecia tal costume. Depois de comermos, tomamos rumo à aldeia, onde outra etapa se iniciou.

Capítulo 2

A Primeira Queda

No caminho de volta em meio à floresta densa junto ao rio, novos sentimentos começaram a invadir meu íntimo, à medida que vislumbrava o corpo da jovem companheira. "O que está me acontecendo?", me perguntava, porém, sem conseguir respostas. Novamente a lembrança do sonho visitou a mente com a mão firme da entidade sobre minha testa e deduzi, então, que deveria ser algo recorrente ao sonho revelador. Cada vez que a menina subia algum degrau rochoso, exibindo seus encantos femininos, o instinto masculino se acentuava no íntimo, até que não resisti e avancei sobre ela de maneira feroz, no que fui correspondido na mesma intensidade; ela se entregou sem reagir, pareceu até que me desejava com igual medida. Não houve troca de carícias e rodeios íntimos, apenas sexo, como macho e fêmea, tal qual feras no cio. Assim conheci o prazer do gozo, por instinto.

Quando chegamos à aldeia, percebi que a rotina era a mesma. Tudo primitivo, contudo, comecei a olhar as mulheres de forma mais licenciosa. O quadro dos doentes só piorava, por isso assumi as atividades da cabana, começando por limpar toda a imundície que havia. Mandei queimar vários corpos em adiantado estado de decomposição, o que enfureceu o curandeiro do local. Não obstante minhas argumentações, o ancião teimava, rebatendo-me com a justificativa de que os espíritos infelizes tinham que ser purificados e que a carne lhes servia de remédio. Percebendo que estava sendo sumariamente desobedecido, ele me atacou com sua machadinha. Eu apenas me defendi e sem querer o matei. Cremei seu corpo tão imundo quanto o do pior defunto, para evitar lamentações inúteis. Eu não sabia nada de cura, muito menos do corpo humano, mas acreditava que a higiene seria um importante passo. Por isso ordenei que todos fossem asseados, afinal, não éramos mais animais. Os que conseguiam se movimentar iam até o rio, os mais acamados e idosos eram limpos no próprio leito, confeccionado de palhas apenas, que também foram devidamente lavadas. Todos começaram a me respeitar, já que eu não tinha a menor compaixão para com os mortos. Enfim, a evolução começou a tomar forma por ali. Mas, e os doentes? O que fazer com eles? Eu não tinha a menor ideia, mas sabia que apenas rituais primitivos não adiantavam muito, porém, dava ao povo alguma confiança, o que me levava a ser respeitado e venerado.

Apesar de não haver muitos enfermos, a situação me afligia e eu achava que devia ter alguma solução eficaz. Resolvi peregrinar pela floresta em busca de alguma cura. Preparei uma lança e arranjei uma bolsa rústica feita de couro, nela coloquei frutas e alguns pedaços de peixe embrulhados em folhas. Na manhã seguinte, parti em companhia de um dos guerreiros, o mais experiente e conhecedor dos segredos das matas. Subimos o curso do rio, andando pela margem, incansáveis e resolutos, mas após três dias de viajem sem nada encontrar, eu pensei em desistir, quando o companheiro teve uma ideia e subiu em uma árvore bem alta, demonstrando toda sua destreza. Do alto, ele me gritou informando que havia fumaça na direção leste de onde estávamos, e tão logo ele desceu seguimos na direção apontada, por um caminho tortuoso e pisado, mas oculto pela relva. O calor estava insuportável e os mosquitos mais ainda. Allifé, meu companheiro, apanhou um bicho rastejante e grande e o esfregou entre as mãos, depois espalhou o líquido que o inseto expeliu pelo corpo. Exultante, perguntei-lhe:

– O que está fazendo?

– Esse bicho solta veneno que espanta mosquito, é bom!

– Mas cheira mal demais!

– Depois me lavo, é melhor que aguentar essas picadas irritantes.

Realmente os insetos começaram a evitá-lo, o que fez com que eu superasse minha repulsa e fizesse o mesmo.

Finalmente, chegamos a uma aldeia, onde fomos recepcionados com desconfiança por um grupo de homens fortemente armados.

– Quem são vocês, o que querem aqui? – indagou-nos um deles, que parecia ser o líder.

– Somos de uma aldeia que fica no fim do rio e viemos em busca de remédio para curar nossos doentes.

Respondi de mão altas, tentando demonstrar que estávamos em paz, mas Allifé se manteve em guarda.

– Então peça que ele largue a lança.

Allifé atendeu, calado.

– O que é isso que querem?

– Temos alguns doentes em nossa aldeia e precisamos curá-los.

– Venham, vou levá-los ao curandeiro, mas não se atrevam a cobiçar nossas mulheres.

– Viemos em paz, e assim partiremos.

Seguimos o guerreiro por entre as ocas sem olhar para os lados, mas os olhares em nossa direção se multiplicavam e algumas crianças nuas até correram atrás de nós. Chegamos a uma grande choupana no centro da tribo, onde fomos apresentados a um senhor de meia-idade, de cara pintada e adornado de penas sentado em um tronco cuidadosamente esculpido na forma de um banco enfeitado de maneira elegante, com presas de animais e algumas pedras supostamente preciosas. Além dele, havia uma mulher que mexia alguma mistura dentro de um grande pote de barro sobre a fogueira. Ele dispensou o guardião gesticulando levemente a mão que segurava um grande cachimbo, depois pediu que nos sentássemos. Após alguns minutos de silêncio, os quais aproveitei para observar o interior acolhedor da cabana praticamente vazia, ele nos falou:

– Finalmente chegaram, eu já os esperava.

– Como sabia que viríamos?

– A floresta me falou! – exclamou com um breve sorriso. – Para curar doentes é preciso mais que remédios, Djunlau. Porém, é só o que posso oferecer.

– Como sabe meu nome?

– Já disse que a floresta tem olhos e ouvidos e, muitas coisas, ela me conta.

Fiquei calado, bem como meu companheiro. O ancião começou a pegar várias folhas e a enrolar no meio delas alguns preparados, depois as acomodava em pacotes no interior da bolsa que eu trazia. Mas antes ele me explicou para que servia cada um dos unguentos e para quem eu devia ministrá-los. Para meu total espanto, dava a nítida impressão de que ele estava ou já havia estado em nossa aldeia. Por fim, nos recomendou, me oferecendo um frasco de bambu:

– Usem isso na pele depois de se banharem na cascata do fundo daqui. Veneno de centopeia é bom para espantar mosquito, mas cheira mal e também faz mal para a pele. Esse aqui é melhor. Agora podem ir.

– Gostaria de recompensá-lo, senhor...

– Não preciso de nada, mas saiba que o sonho que teve à beira-mar foi uma revelação importante e logo começará a ser intuído sobre o que fazer, tome cuidado com suas atitudes, pois agora somos seres duais. O bem e o mal foram instalados em nosso âmago, sempre vence aquele que for mais bem alimentado. Tenham paz!

Seguimos a recomendação do mestre e nos lavamos, depois aplicamos aquele líquido agradável em nossa pele. Saímos da aldeia calmamente e despreocupados.

No caminho de volta, eu não conseguia parar de pensar nas palavras do curandeiro. Não compreendi perfeitamente o termo dual. O que ele quis dizer com isso, afinal? Um vazio terrível tomou conta do meu ser, como se nada houvesse além de mim na paisagem alva e subitamente desértica. Por alguns instantes, tudo à minha volta sumiu e me vi pairando naquele vácuo. Um misto de pânico e abandono tomou conta da minha mente e, em seguida, tive uma visão. Um grande ser luminoso surgiu na minha frente e me ajoelhei imediatamente. Comecei a ouvir sua voz gutural me dizer em uma linguagem que eu desconhecia até então. Entretanto, entendi cada palavra, como se dominasse completamente aquele dialeto:

– És meu filho amado e eu o ampararei por toda a eternidade. Foste alojado neste planeta bendito chamado Terra para cumprir a determinação de nosso Pai Celestial. Aqui haverás de vivenciar e experimentar o veneno da dualidade dos seres humanos, que também são filhos Dele. Isso implica que já não tens em ti só o bem, mas o mal também, tal qual amor e ódio, luz e trevas, perdão e rancor, pobreza e riqueza, avareza e ostentação, e assim por diante. Terás então que combater os maus sentimentos, não só em ti, mas também em todos os que estão ou estarão à sua volta durante as sucessivas encarnações que mereceres viver nesta saga espiritual que está apenas começando.

– Encarnações?

– Tu, filho, já não és mais apenas espírito, mas carne e osso, feito à imagem e semelhança de nosso Senhor que habita no mais alto dos céus e Sua magnânima vontade há de ser obedecida, não só por ti, mas por todos os outros predestinados. As esferas cristalinas instaladas em ti o nomeiam como um direcionador e executor, licenciado pela Lei para fazer o que for necessário para o bem e para a evolução do povo que aqui fincou raiz. Estás fadado à vitória, por isso estarei sempre contigo, para honra e glória do Criador.

– Assim será.

– Tome para ti neste instante a sabedoria e o poder, e espero que faça bom uso desses atributos, para teu próprio bem e o de todos que estiverem ao teu lado. Paz seja em ti, filho amado!

Então, meu Grande Senhor se esvaiu e a paisagem se refez. Allifé tentava me despertar do transe, sacudindo-me pelos ombros, quando eu balancei a cabeça e o olhei meio desconsertado.

– Vamos, senhor Djunlau, está ficando tarde.

– Sim, claro, temos que procurar um bom lugar para passarmos a noite.

Pessoalmente, eu não sei especificar qual era o nosso idioma, mas obviamente que a linguagem não era assim tão rebuscada quanto a que está sendo narrada, porém, se fosse descrevê-la na íntegra ficaria sem sentido. Falávamos com estalos na língua, com muitas consoantes mudas. Por exemplo, "coelho" se pronunciava "mbitá", só que a última sílaba era um estalido longo da língua sob o céu da boca e não o "tá", propriamente dito. Já em outras palavras o estalido era feito contra os lábios, ou inferior ou superior. Por vezes, também se usava a língua inteira, de maneira que é muito difícil expor todo o dialeto integralmente. Então, resolvi poupar suas mentes dos pormenores inúteis com frases do tipo: "Tá guváti mbitá", que significava na tradução literal: "Eu caço coelho". Atualmente, quando me lembro disso, ponho-me a rir alto, ignorando a simplicidade do povo que ainda fala o mesmo dialeto em algum lugar do continente africano. Estando claros os floreios da linguagem, vou retomar minha história.

Depois da visão, eu passei a me sentir mais confiante, pois parecia que todo o poder do mundo havia recaído sobre mim.

Caminhávamos calmos beirando o rio, parando algumas vezes para descansar. Em uma dessas pausas, quando fui beber água e me refrescar, vi algo brilhante no fundo d'água. Mergulhei curioso para ver do que se tratava, mas não consegui. Voltei à tona e solicitei o auxílio de Allifé. Era uma grande pedra, mas com um pouco de esforço conseguimos içá-la até a margem. Apaixonei-me instantaneamente pelo brilho reluzente da pedra, e quis levá-la conosco a todo custo, muito embora não soubesse o que era nem para que servia, somente pela beleza que me hipnotizou. Em razão do peso razoável, seguimos viagem nos revezando.

– Para que serve esta pedra, senhor?

– Ainda não sei, mas assim que descobrir lhe direi.

– É bem pesada...

– Eu sei, mas estamos quase chegando. Pare de reclamar!

– Sim, senhor.

O tal "quase chegando" demorou só mais dois dias, para tristeza do pobre companheiro que seguiu sem dizer nada, mas eu também carreguei a pedra. Enfim, chegamos à nossa aldeia, que seguia sua rotina a passos lentos. Os mais velhos vieram ter conosco, enquanto as mulheres nos cercavam com olhares matreiros. Afinal, o que acontecia com elas? Deixei essa questão para mais tarde, os doentes requeriam maior urgência e atenção. Segui apressado para a oca de socorro e separei os remédios conforme o velho curandeiro me recomendou e os ministrei cuidadosamente. Depois, fui para minha tenda, onde minha jovem companheira requereu minha atenção. Logicamente eu a atendi, ignorando o cansaço. Depois me sentei diante da grande pedra encontrada e fiquei admirando sua beleza, até adormecer quase involuntariamente, afinal, estava exausto.

Despertei assustado já no dia seguinte, ouvindo gritos vindos da cabana dos enfermos. Corri até lá e, para meu alívio, notei que alguns jovens já se encontravam praticamente curados e os demais comemoravam esperançosos. Quando notaram minha presença começaram a me venerar à altura de um deus, e não adiantou explicar que não fora eu quem fizera os remédios. Allifé me ergueu nos ombros e, então, comecei a me sentir como um rei poderoso. Deixei que esse sentimento se apossasse de mim e a vaidade começara a tomar o lugar da humildade, fincando suas garras nas entranhas da alma. Ao final de cinco dias, todos estavam curados, então, o mais velho dos homens veio ter comigo na minha tenda:

– Preciso falar com o senhor.

– Fale então, caro ancião.

– Como foi muito bom ao trazer nossos mais valentes guerreiros do vale da morte e com esta pedra de poder, é desejo de todos que seja nosso rei.

– O que isso quer dizer?

– Quer dizer que tudo aqui é seu, e tudo que ordenar será obedecido, e tudo que quiser terá na medida de sua vontade, até mesmo as mulheres, que precisam de um macho para procriarem.

– Como assim, vocês não podem fazer isso sozinhos?

– Há algum tempo, aquele velho curandeiro que o senhor matou decepou nossos membros, alegando que era a vontade dos deuses para fertilizar a terra. Desde então, a desgraça recaiu sobre nossas fêmeas, porque nos tornamos inférteis e inúteis nesse sentido. Sendo assim, se nada for feito, nossa geração não terá mais continuidade e se perderá com o tempo.

Aquele estalo de vaidade agora se misturava com a ambição e, aos poucos, a força negativa foi construindo sua morada em meu coração, e fui deixando entrar. A mente invigilante só pensava na luxúria. Além de rei, eu era o único homem viril dali. O que mais um rei pode querer?

Tempos depois, já havia filhos meus espalhados por todos os cantos da aldeia, que prosperava tanto na caça como na lavoura. Mas isso não bastou. Percebendo que os guerreiros estavam cada dia mais fortes, comecei a arquitetar invasões e a utilizar os poderes a mim delegados pelo alto, consequentemente, para o bem, só que fiz exatamente o contrário. Envolvi todos em uma teia de ódio e destruição, dominando todo aquele continente, deixando-me levar pela energia negativa que partia das trevas, que ocupou todos os espaços de meu íntimo. Esqueci por completo dos conselhos do curandeiro vizinho e das advertências da grande entidade que me surgiu naquele dia de verão em meio às matas. Eu não era mais aquele espírito inocente advindo de outra esfera evolutiva.

Mas ainda tinha o poder e era um homem viril, cheio de vida, e achava que eu era inatingível. Não tinha soldados fiéis apenas, mas também escravos de toda sorte, que deveriam procriar e, assim, gerar mais escravos. Não vivia mais em uma cabana, mas em um palácio ricamente adornado em ouro e pedras preciosas, bem como minhas roupas, todas confeccionadas em ouro e tecido de linho fino, costuradas pelas mãos de escravas submissas e servis, sendo que algumas eram proibidas de usarem qualquer tipo de vestimenta.

Enfim, construí um império totalmente dominado pelo mal. As forças malignas das trevas potencializavam meus poderes, dominando-me a mente, escravizando meu espírito à sua vontade. Externamente adorado como um deus, por dentro um ser horrível, tão podre quanto os corpos que queimei quando de minha chegada. Todas as minhas vontades eram atendidas, mesmo que significasse sacrifício ou morte.

Até que meus poderes foram minguando... Os regentes do alto conseguiram uma brecha na luta contra os líderes inferiores que me dominavam. Aos poucos, foram minando minha vitalidade e eu adoeci. Mas não deixei que o povo percebesse. Sentindo a morte se aproximar, ordenei a construção de uma grande pirâmide, com uma tumba central, onde meu corpo deveria ser sepultado, mas vale mencionar que não se trata do atual Egito. Sendo assim, depois de anos de obras horríveis aos olhos do Pai, desencarnei levando comigo meus mais fiéis soldados e concubinas e todo tesouro que juntei, que de nada me serviu.

Minha primeira queda de braços fora vencida pelo mal.

Capítulo 3

A Prisão

Passei um longo tempo na escuridão da tumba, amargando os gemidos de pavor dos que foram sepultados vivos junto comigo. Meu corpo gelado jazia recoberto de todo ouro que juntei e que era, obviamente, inútil naquela circunstância. Por alguns anos, tentei me comunicar com os infelizes, mas foi em vão, então comecei a perceber que, conforme iam falecendo, apenas seus corpos permaneciam, pois as almas eram recolhidas imediatamente, e a cada uma que ia, uma gargalhada zombeteira eu ouvia.

– Onde está seu poder agora, ó rei, ó magnânimo senhor da floresta?

Era isso que ouvia o tempo todo. Não havia mais luz e eu não via nenhum semblante que podia significar vida. Mesmo assim, tentava pegar minha clava para desafiar a escuridão, dando socos pelo ar, tropeçando nos esqueletos espalhados pelo chão ao redor do sepulcro. Por fim, senti-me subjugado pelo vazio. Atirei-me, amedrontado em um canto. Aliás, todos os tipos de aflições me invadiram a mente e eu não encontrava nenhuma explicação plausível para tamanho sofrimento, afinal, eu fora um rei poderoso e generoso que resgatara um povo do sofrimento. O orgulho e a soberba não me permitiam reconhecer o mal que causei para alimentar a ambição e construir a pirâmide que agora me aprisionava, sem contar o gigantesco palácio com todo conforto de que eu desfrutava.

Permaneci assim, mergulhado neste estado letárgico por incontáveis anos, com a consciência absurdamente paralisada no tempo, sem nenhum sinal de arrependimento ou evolução.

Estranhamente me lembrei do semblante daquele velho curandeiro da remota aldeia a me dizer: "... tome cuidado com suas atitudes, pois agora somos seres duais, o bem e o mal foram instalados em nosso âmago, sempre vence aquele que for mais bem alimentado". Deu-me a nítida impressão de vê-lo à minha frente, sentado no velho tronco, com o seu rosto bondoso, como a me perdoar de minhas atrocidades. Passei, então, a meditar sobre tudo, pois já não me importava com a minha condição naquele desterro:

– Realmente alimentei melhor o mal, a ambição e a luxúria. Mas, por que tantas tentações? Seria mais fácil se não houvesse tantos empecilhos. Mas então que sentido faria eu ter sido enviado de minha existência anterior para a Terra? Para que serve todo esse ouro aqui nesse lugar imundo? Para nada – respondi, alheio ao fato de estar sendo observado, mas não pelas almas sofredoras que ali insistiam em me acorrentar ao passado, como a querer vingança. Para que tanto ódio? Quando se viam em minha frente se assustavam e debandavam amedrontadas, como se eu fosse uma fera bestial! Por inúmeras vezes queria rir, mas algo me impelia a não o fazer e eu não sabia o que era. Parecia-me que um olho enorme me vigiava em silêncio, o que me causava arrepios de terror.

Pensei em fazer anotações, porém, não tinha os recursos necessários, como um pergaminho ou qualquer coisa parecida, aliás, nem sei mesmo como tive aquelas lembranças! Eu não tinha mais um corpo físico, não passava de uma caveira toda perfurada e inútil, de onde vinham tantos pensamentos?

– Já não és mais só um corpo, verme inútil, será que ainda não percebeste isso?

– Quem está falando isso? Apresente-se, se sou só um verme inútil, então não há necessidade de temer...

– Cala-te e te arrepende dos teus erros infames, aproveita a oportunidade que estão te dando e rende graças por estares em meu ponto.

Mais uma vez, quero salientar que a linguagem se deu em idioma ancestral, que traduzo aqui de forma simplificada para a sua língua. Por isso, todo o diálogo se dava na segunda pessoa, como é conhecida atualmente.

Arrependido eu já estava, só não sabia como sair dali.

Então, comecei a sentir um cheiro de enxofre muito forte que preencheu todo o espaço e um calafrio subiu-me pela espinha. Com a visão escura, senti algo se esgueirando pelas pernas e roçando meu ventre. O silêncio era tão intenso que ensurdecia os sentidos e a treva ficou mais escura ainda. Mesmo assim, consegui ver um vulto bem na frente dos meus olhos, que revelou os seus. Eles eram tão rubros quanto sangue, contrastando com um fio alvo que cortava toda a extensão da retina bem no centro, e me fitava bem fundo, como se quisesse me devorar. O pavor tomou conta de mim, calando minha voz de forma que eu não conseguia expressar nenhuma sílaba sequer.

– Agora tu temes o que, ó rei?

Perguntou-me a criatura com uma voz grossa e furiosa.

– Deveria temer a ti mesmo enquanto tinhas tempo de vida!

Continuou me olhando nas entranhas mais profundas de minha alma, até que comecei a retroceder no tempo involuntariamente e a reconhecer todas as minhas atrocidades. Comecei a gritar aflito, temendo a mim mesmo. Um espelho metálico de difícil descrição surgiu à minha frente, revelando a criatura em que eu me transformei.

– Vês agora o quão vil te tornaste? Não sei por que continuam enviando seres idiotas como você para este planeta. Agora tenho que te aprisionar até que te arrependas de teus erros hediondos.

A serpente me abocanhou furiosa, fincando suas enormes mandíbulas na altura da nuca e foi saindo, rastejando lentamente, me carregando pela boca, da qual escorria os fluidos negros de ódio e demais sentimentos mais perversos, restando apenas os vitais, pois ainda sentia a vida pulsar, talvez pela dor que experimentava. A fera seguia pelos corredores estreitos daquele abismo terrível com calma e destreza, vigiada por guardiões que a saudavam com reverência e discrição, até que chegou a uma espécie de quartel, onde me trancou em uma cadeia fria, selada por vergões energizados de impossível transposição.

– Tens sorte que a grande Senhora do Tempo o quer vivo, ativo e pensante, por isso, fica aí amargando teu passado nojento, fracassado e inútil.

Assim se fez por centenas de anos, não sei quantificar exatamente, aprisionado ali, sendo alimentado apenas por um líquido verde, espesso e amargo. Cada vez que eu o tomava, meu perispírito se refazia, mas as lembranças dos morticínios e das outras atrocidades vinham à tona, fazendo as lágrimas de arrependimento e pavor de mim mesmo escorrerem pelo rosto já cansado de tanto chorar.

– Para que tanta ambição? De que adiantou todo aquele ouro? O que será que houve com aqueles infelizes que eu escravizei e torturei? Por que, por quê?

Eu me perguntava em total solidão, andando de um lado para o outro da pequena cela.

Até que deixei de me lamentar e prostrei-me olhando para o alto, não sabia se era para o céu, pois tal orientação era impossível, e clamei em voz alta:

– Ó, Senhor da vida, eu suplico teu perdão. Socorrei-me, pois não suporto mais o suplício de minhas fatídicas lembranças pretéritas.

Imediatamente, a grande serpente surgiu e abriu a cancela da prisão dizendo:

– Finalmente despertaste para a realidade, já não era sem tempo! Eu não tenho pressa, mas tu deverias ter. Siga-me.

Em um instante, a cobra se transformou em um homem avantajado e bem-vestido, com a cabeça recoberta com uma túnica que complementava seu sobretudo igualmente negro. Segui-o por um corredor até chegar a um grande salão iluminado por tochas, onde vários leitos acomodavam enfermos de toda sorte.

– Vês estes infelizes?

– Sim, Senhor.

– São todos errantes com a consciência tão abalada quanto a tua. Por algum motivo, coube a mim recuperá-los e depois encaminhá-los, mas antes que me pergunte, eu digo que não coube a mim o julgamento, pois se assim fosse estariam todos aniquilados e devolvidos à ancestralidade. Eu apenas executo o que foi determinado. Para seu aprendizado, permanecerá aqui testemunhando a dor das mentes de cada um deles até que se dê conta de tuas responsabilidades enquanto escolhido.

– Posso perguntar como farei isso?

– O poder tu já tens, o instinto te guiará. Apenas não ouses tentar qualquer coisa em meu reino, pois não hesitarei em te anular. Não te faças de esquecido e nos daremos bem!

Dessa forma, iniciei uma nova etapa evolutiva de minha jornada espiritual neste planeta. Sem reclamar e sem saber o que fazer, comecei a andar por entre os leitos, que não eram exatamente confortáveis, pois se tratava-se de pedras frias e negras, mas serviam para acomodar os corpos espirituais cadavéricos e aparentemente sem vida. O que se podia esperar de um lugar como aquele? A bem da verdade, eu nem mesmo sabia onde estava. Um cheiro forte exalava do piso irregular, dificultando-me a respiração, e eu tentei disfarçar esse incômodo tapando as narinas, quando ouvi uma voz vinda da retaguarda:

– Não tente evitar o cheiro, irmão, quanto mais senti-lo, mais rápido se habituará.

O tom de voz dele era suave e masculino, porém, um tanto afeminado, o que me chamou a atenção, então me virei para conhecê-lo melhor.

– Estou honrado por te conhecer pessoalmente, senhor Djunlau, meu nome é Archrishinér e fui destacado para te instruir.

– Honrado? Pessoalmente? Por quê? Não compreendi!

– Sua primeira passagem pela carne nos rendeu muitas histórias em nosso meio. Posso afirmar que muitos guardiões adorariam pôr as mãos em ti. Não fosse o respeito que todos têm para com meu mestre, teu destino seria bem diferente.

Porém, há outros aspectos que precisaram serem levados em conta.

– Quais são eles?

– Teus atributos e tuas esferas sagradas dão poderes a ti que não podem ser desperdiçados nas trevas da humanidade. Por isso estás aqui, para aprender a utilizar tais poderes com sabedoria e entender plenamente tuas atribuições no mundo dos mortos e dos vivos.

– Muito bem, agora que nos conhecemos, pode me dizer o que fazer?

– Acompanhe-me, mas antes vista isso, saibas que não é só uma capa com capuz, mas um importante isolante energético, muito útil em nosso campo de trabalho.

Obedeci-lhe calmamente e vesti o traje ofertado, feito de um tecido bem grosso, absolutamente preto, que recobria todo o corpo espiritual, deixando apenas as mãos expostas, o restante se misturava com a escuridão e dava a impressão de levitação de qualquer ponto de vista. Notei que o novo amigo não tinha só a voz afeminada, mas seus gestos e caminhar também denunciavam algo estranho.

– Não precisa se incomodar comigo, senhor Djunlau, sou um ser natural e não possuo nenhuma definição sexual. Posso ser macho ou fêmea, dependendo da ocasião, porém apenas na aparência só para impor minha autoridade, ou seja, não fui gerado para procriar. Aliás, quando vejo o que isso causa na vida de muitos infelizes, agradeço ao Criador por ser assim.

Caminhamos em silêncio até outro recinto, um pouco mais ameno, onde as almas doentes, um pouco melhores, estavam sendo tratadas.

– Todos que estão deste lado de nosso posto socorrista têm algum tipo de atributo semelhante aos teus, portanto, são igualmente tarefeiros. O grande problema é que, como no senhor, a dualidade se instalou neles de forma agressiva. Os que a venceram, seguiram outra linha de evolução. Nos mais incautos, a punição foi mais rígida e eles foram recolhidos por outro mistério, e não nos cabe julgá-los. Os que aqui estão deverão ser curados e encaminhados para nova encarnação tão logo estejam prontos.

– Curados de que mal?

– Do lado negativo da dualidade, como a cobiça, a inveja, a ambição, a vaidade, a paixão, a avareza e tudo mais.

– E como se faz isso?

– Às vezes é simples. Observe este homem, por exemplo. Seu perispírito está aqui, mas sua alma está aprisionada ao lado do corpo putrefato da cova. É uma vítima da paixão desequilibrada que o levou à loucura de cometer inúmeros homicídios por causa do ciúme. Coloca tua mão esquerda sobre a minha, a direita, ergue-a na altura do peito e fecha os olhos.

Atendi receoso. Ele impôs sua mão sobre o rosto do enfermo e, em instantes, já nos encontrávamos em um cemitério junto à cova onde jazia o corpo sem vida do infeliz. Ali mesmo encontramos uma alma prostrada em prantos, tentando tirar o corpo sem vida dali. Uma corrente acinzentada saía dele pela kundalini e se esticava por quilômetros ao longo de uma via etérea, formada pela própria consciência perdida do espírito. Então, nós a seguimos até encontrarmos uma casa camponesa bem grande, onde uma senhora de meia-idade chorava diante de um quadro toscamente pintado, pendurado na parede acima de um pequeno oratório. Mas, ao mesmo tempo que chorava, ela se acariciava, creio que é melhor não dizer exatamente onde. Ficamos observando por algum tempo, até que outro homem chegou e, então, os dois se entregaram ao prazer.

Imediatamente a alma aflita do ex-marido surgiu e começou a maldizer os amantes, sem notar que os pensamentos da mulher estavam buscando o gozo na imagem do amado falecido.

– Percebeste o quadro de obsessão que se deu? Enquanto ela estiver assim não será possível o resgate deste infeliz!

– Mas não é só cortar esta corrente?

– Queres tentar? Toma minha adaga.

Peguei a arma e parti firmemente a corrente, mas como o estado mental dos dois permaneceram iguais, ela se refez em questão de segundos.

– Viste? Se esta paixão doentia da mulher não for esgotada, nada mudará.

– Então, o que fazer?

– A morte de nosso paciente se deu por causa de um duelo travado com o amante dela em nome da honra. O ferimento causado pela punhalada fatal não minava somente o sangue, mas também os fluidos vitais. Fez-se necessário, então, estancar o vazamento primeiro, por meio de nossos cuidados, o que levou alguns anos para a cura total. Agora creio que podemos convocar um companheiro para nos auxiliar.

Archrishinér cerrou os olhos e pronunciou algumas palavras em dialeto sagrado. Em alguns segundos, um guardião de porte nobre surgiu em nossa frente.

– Saudações, Archrishinér!

– Salve, nobre cavalheiro. Poderia nos ajudar nesse caso?

Sem demora, o novo companheiro se virou para o cenário triste que se desenrolava. Por alguns instantes, achei que ele apenas apreciava a cena, mas na realidade o mistério nele ligado registrava tudo e ordenava a providência necessária. Seguiu resoluto até os amantes e tocou a testa da mulher com seu cetro de Lei e, por intermédio do objeto, um fluido denso e de aparência pegajosa foi sugado; enquanto isso ocorria, a corrente da paixão foi se desfazendo, até que sumiu. O guardião então se dirigiu a nós e entregou um pergaminho selado para meu companheiro, dizendo:

– Foi registrado. Que seu chefe entregue à Lei, junto a este infeliz.

O pobre homem já se encontrava perdido, sem saber quem era e o que estava fazendo ali. À mulher, restou apenas terminar seu coito mundano, sem nenhum resquício de lembrança do falecido. Retornamos dali levando conosco o resgatado até seu leito, no qual mediante um procedimento simples a alma foi reacoplada ao corpo perispiritual. Em seguida, outro atendente lhe ministrou um fluido para vedar as cicatrizes.

– Nossos serviços se darão sempre no âmbito dos campos sagrados, e a maioria destes infelizes se encontra neste mesmo estágio. Agora ele seguirá para a colônia a que pertence, onde deverá assumir nova missão carnal, seguindo as premissas deste pergaminho sagrado.

– E por que comigo não foi assim?

– Porque tu és um sete, um escolhido. Na verdade, se conhecesses pelo menos a metade de teus poderes, provavelmente eu não precisaria convocar aquele companheiro que nos assistiu. Mas creio que haverá tempo suficiente para que aprendas.

– Mas você mesmo não poderia fazer aquele procedimento?

– Só posso utilizar meus atributos onde a Lei não age, pois sou um ser natural, desconheço a dualidade e, posso assegurar, não queiras me ver em ação fora deste campo.

– Mesmo assim gostaria de ver!

– Vamos deixar de conversas. Deixarei estes três casos ao teu encargo. Se precisar, me chames, mas nunca pelo nome, apenas em pensamento, ajudarei com prazer.

Assumi minha tarefa ainda ressabiado por conta da pouca experiência que tinha.

Comecei por um senhor um tanto idoso. "Afinal, o que poderia haver de tão errado com um velho como este?", pensei. Respirei fundo e impus a mão sobre o frontal do enfermo e seu caso veio à tona. Saí em uma tumba nobre no interior de uma igreja, onde encontrei a alma dele ajoelhada em um banco da primeira fila. O Cristianismo estava só começando, mas, até mesmo ali, a cobiça e a ganância já faziam suas vítimas. Eu nada sabia dos ensinamentos do mestre, muito menos das premissas da igreja neles baseada. Observei o ambiente por algum tempo e só depois fui me ater aos fatos que aprisionaram o homem ali. Só que tudo que ele rezava se resumia a pedir perdão; o que fazer nessa situação?

– Com licença, nobre senhor.

Interrompeu-me um ser de luz.

– Pois não.

Respondi altivo, tentando disfarçar minha total ignorância.

– Sou o protetor deste senhor e pude notar sua inexperiência, apesar de seus atributos; mesmo assim, peço indulgência para que ele seja socorrido e não aniquilado.

– Por que, o que ele fez de tão grave?

– O anjo então desenrolou um pergaminho e pediu que eu o examinasse, o que fiz atentamente. À medida que fui lendo aquele histórico, uma tela se abriu em minha mente. Então, pude ver todas as atrocidades cometidas pelo sacerdote amedrontado e aflito. Estupros, mentiras, torturas, assassinatos e todo tipo de maldades. Tudo fielmente descrito, despertando em mim uma ira interior que até então desconhecia. Uma grande espada surgiu em minha mão, quando observei que o crápula trazia uma marca sagrada no peito, o que me fez lembrar que se tratava de um escolhido. Sem saber o exato motivo, a espada extremamente brilhante como a lua, com o punho cravejado de rubis e cobalto, dirigiu-se até o chacra básico do infeliz e começou a sugar todas as maldades dele. Minha mão tremia incontrolavelmente, e isso durou até que todos os miasmas, larvas e perseguidores cruéis caíram sobre meus pés no piso frio da humilde capela. Em instantes, alguns servidores se colocaram a postos para recolher toda aquela nojeira. Findo o processo, um raio flamejante saiu da lâmina, depositando nas mãos do protetor um roteiro, e o coitado, então, caiu aos meus pés. Eu disse ao companheiro da luz:

– Creio que agora ele será restabelecido e encaminhado aos seus cuidados, seu destino não mais me pertence.

O anjo concordou, meneando a cabeça positivamente e se retirou sem nada dizer.

Do mesmo modo, eu me retirei admirado com minha façanha, levando a pobre alma até seu corpo perispiritual, onde outros servidores, a exemplo do primeiro, assumiram o restante do serviço.

Os outros casos se deram de forma semelhante. Mas e eu? Não reencarnaria mais? Afinal, meus feitos durante minha encarnação não foram prodigiosos ou positivos. Será que minhas esferas sagradas me isentavam das provações? Sim, eu era um ser dual, mas, como poderia evoluir estando ali? Não seria necessário, então, experimentar todas as faces deste atributo do ser humano que ora eu era? Que sentido tem estar exposto ao bem ou ao mal sem exercitar de maneira conveniente todas as maldades e vencê-las a contento? Obviamente, eu tinha plena consciência de que minha primeira experiência não fora bem-sucedida, contudo, purgar todas as minhas culpas ali naquele ambiente não me parecia muito apropriado, afinal, a dualidade foi criada para os seres humanos e não era essa a minha condição.

Tais respostas não tardaram a ser respondidas.

Capítulo 4

O Mestre

Estava analisando mais um caso, sempre absorto em minhas conjecturas íntimas, buscando alguma forma de anotar as experiências, tanto do ponto de vista do posto socorrista quanto do meu, comparando as lembranças do passado vil com as dos socorridos, quando fui interrompido por Archrishinér:

– Senhor Djunlau, poderia me acompanhar? Creio que há uma visita aguardando pelo senhor, receio que suas dúvidas foram ouvidas e provavelmente serão respondidas.

– Visita? Quem será?

Atendi o companheiro e, então, subimos a longa escadaria do estreito corredor até as portas daquele desterro, onde a grande entidade de meus sonhos nos aguardava.

– Lembra-te de mim, filho?

– Sim, claro! Só sinto por não ter me lembrado séculos atrás!

– O passado não mais interessa, serviu como escola e espero que não te esqueças das lições!

– Farei o possível, Senhor.

– Um dos princípios da alma humana é gravar o que foi errado no pretérito e expurgar na carne tais erros por meio de expiações e provas, por isso este planeta foi concebido. Vencê-las é que tornará a alma triunfante, iluminada e feliz, por isso é que te fiz humano.

– Mas, então, o que deseja de mim, Senhor?

– Tenho ouvido suas dúvidas e elas são justas. Tu não estás isento da reencarnação, por este motivo é que foi colocado neste posto de serviço, que é de um dos principais guardiões da Lei Divina. Contudo, preciso saber se estás preparado para nova missão carnal.

– Creio que depois de tudo que testemunhei, sim. Até mesmo por minhas próprias e dolorosas lembranças.

– Não sei se examinou a fundo os casos apresentados, mas se por acaso revisitá-los, notarás que todos os espíritos realocados no corpo carnal têm a mente apagada de todas as lembranças do passado, já que se não for assim, não haverá evolução.

– Confesso que não notei este detalhe.

– Então é melhor que vejas.

Analisamos caso a caso, seguindo a linha do tempo até as encarnações anteriores, depois fomos progredindo no tempo até o reenlace, quando tudo fora apagado e este novo recomeço se deu totalmente em branco.

– Viste agora como é difícil? Somente algumas almas não sucumbem diante das tentações, é preciso ser muito forte.

Vacilei por alguns instantes e me pus a pensar. Quantas almas caíram no erro sem se darem conta da gravidade disso?

Quanto tempo teremos para nos tornarmos perfeitos aos olhos do Pai?

– A vontade do Criador é suprema, filho. Somente Ele poderá responder a isso. O fato é que tu és meu escolhido, e um dia guiará todo um povo na evolução até que se tornem a imagem e perfeição Dele.

– Mas por que eu?

– Porque eu o criei e o alimentei desde que era apenas uma fagulha, até se tornar um ser vivente, ativo e pensante em outra esfera planetária. Lá, foste iniciado pela escola da Tradição Sagrada nos 21 graus da magia divina. Por isso em tu assentei todos os meus mistérios, e exatamente por ser assim é que és um de meus sete guardiões sagrados. Igualmente por assim o ser é que as forças malignas tentarão assediar-te a mente onde quer que esteja. Não se gabes disso, os outros escolhidos também sofrem a mesma condição. Alguns até sucumbiram e preferiram continuar nas trevas, servindo a Lei e ao Pai no embaixo mesmo, por toda a eternidade, solicitando a isenção da encarnação pelo restante da existência humana. Um deles é o líder deste posto, onde você foi adequadamente recolhido.

– Agora entendo.

– Tu te sentes realmente seguro para uma nova oportunidade?

– Creio que sim, meu Senhor. Principalmente porque algo em minha consciência me diz que não é justo permanecer estagnado no plano evolutivo somente pelo fato de ter poderes, que nem sequer os conheço muito bem.

– Chamo isso de humildade e já é um bom começo!

Meu mentor encerrou nosso diálogo e se dirigiu ao portal, onde em dialeto sagrado informou a Archrishinér que me conduziria dali em diante.

Partimos para outro plano espiritual, onde me foram apresentados os planejamentos de minha nova empreitada. Depois de ler atentamente – aliás, diga-se de passagem, nem sei como aprendi a ler –, aceitei a missão.

Fui então levado para uma sala com parafernálias incríveis, amedrontadoras e estranhas, depois de acomodado em uma espécie de poltrona bem confortável, bem no centro de tudo. Percebendo meu receio, o mentor esclareceu:

– Em tua primeira passagem, não foi utilizado este processo em virtude da urgência que a situação nos impunha. Porém, agora irás retornar à carne pelos meios usuais, ou seja, terás uma mãe, que já concebeu seu feto e o guarda no ventre, e obviamente um pai também, sem o qual a concepção não seria possível. Lembra-te: o passado não mais importa, apenas suas obras futuras o qualificarão.

Concordei com a cabeça já quase de olhos fechados. Não vou descrever todo o procedimento, pois creio que já lhes foi descrito muitas vezes.

Seguia-se a primeira década do ano 600 d.C. e eu nascia em uma vila situada nos confins do continente europeu, um menino que era o primogênito de um casal humilde. Papai era um carpinteiro, além de lenhador, muito conhecido por seus trabalhos, e mamãe era uma esposa dedicada, fiel e muito amorosa com os filhos que foram gerados depois, em um total de 12.

Fui praticamente obrigado a trabalhar com meu pai desde a mais tenra idade, talvez por ser o mais velho. Eu o admirava, pois aos meus olhos ele era um homem grande e forte, apesar de sisudo e ignorante, não tolerava desaforos. Como todos os conterrâneos, ele não se preocupava com a aparência, sua barba era sempre mal aparada e enorme, suas roupas estavam sempre sujas, não obstante os cuidados da esposa que sempre o alertava, além de tudo não dispensava uns bons tragos, alegando que amenizava o frio daquele lugar, como se não gostasse de viver naquelas condições. Por isso mamãe dormia quase todas as noites junto de nós ao ver o companheiro ébrio deitado aos pés da pequena lareira.

Durante a infância, não me importava com isso, mas conforme a adolescência começou a desabrochar, passei a repudiar tal comportamento. Eu não o culpava exatamente, pois, embora tivesse seu vício, não deixava nada nos faltar, e tinha o caráter firme e de reputação ilibada. Isso por si só já me rendeu um grande exemplo de aprendizado. Minha mãe era ou, pelo menos, se fazia de submissa e ignorante, mas eu não. A mente juvenil não se conformava com a ideia de viver ali testemunhando tudo, esperando a vida passar sem nada fazer. Sentia no fundo que a missão de meus pais fora cumprida, então, disse adeus ao lar que tão bem me acolheu e parti assim que a primavera principiou, sem deixar pistas de meu paradeiro, posto que nem mesmo eu sabia para onde ir.

Contudo, não podia deixar de registrar que em meu terrível passado de pseudorrei, eu fora o algoz de um homem, pois mandei matá-lo e sacrifiquei o feto de sua esposa. Esta aceitou a missão de me criar na vida atual, tal como a vítima do passado que ora se apresentou como meu progenitor. Sendo assim, o perdão se deu, de um lado, pelas dores do parto e demais responsabilidades de mãe e, do outro, à custa de bebedeiras para tentar se conformar com alguma coisa que não compreendia.

Vaguei pelos campos vastos por dias e dias e, embora o sol brilhasse, as noites eram congelantes. Eu me abrigava como podia, fazendo fogueiras e caçando algum animal ou ave que encontrava. Até que avistei uma casa isolada nos pés de um morro, da chaminé saía fumaça, o que me levou a deduzir que havia alguém ali. Faminto e cansado, não tive escolha, senão a de pedir auxílio a quem estivesse na casa. Aproximei-me cauteloso e bati na porta, de onde um senhor muito calmo saiu e me atendeu. Ele tirou o cachimbo da boca e me perguntou:

– O que quer por aqui, jovem?

– Preciso de abrigo e comida, mas só posso retribuir com trabalho.

– Entre logo, saia desse frio.

Atendi aliviado.

– Tire estas roupas pesadas, depois, sente-se perto do fogo.

Livrei-me imediatamente das vestes pesadas ao lado da porta mesmo, descalcei a velha botina e depositei o alforje vazio no chão, depois segui para a lareira, trêmulo. O velho muito gentil serviu-me um chá bem quente e, enquanto o bebia, observei o interior da sala ampla, no centro do piso havia uma estrela bem desenhada com várias pedras cravadas. Por todos os lados se viam folhas, ramos, frutas, pedras, peles e outras coisas. Sob a janela, uma escrivaninha apoiava um grande livro e as penas cansadas espalhadas completavam a cena da mesa desarranjada.

O senhorio me despertou da distração e me ofereceu um prato de comida que eu devorei sem cerimônias, sem notar que estava sendo observado.

– Diga-me, rapaz, o que o fez sair de casa tão jovem ainda?

– Desentendimentos com meu pai, só isso, não suportava mais vê-lo bêbado todas as noites.

– Por acaso sabe que seus irmãos vão precisar de você?

– Não. Mas como sabe que tenho irmãos?

– Simples dedução, apenas isso. Termine seu jantar e descanse naquele canto. Amanhã conversaremos melhor.

Obedeci-lhe sem muita demora.

Dormi profundamente e quando acordei a manhã já ia alta. Levantei-me apressado, me vesti e lavei o rosto na água de uma bacia que me pareceu que foi propositadamente colocada em uma cômoda próxima. Pensei em procurar o senhorio, porém, quando vi a mesa posta com alguns pães e leite, resolvi fazer o desjejum primeiro. Em seguida, olhei pela janela e vi o homem pastoreando algumas ovelhas. O clima parecia que estava mais quente, a neve derretia suavemente pela relva e o sol brilhava, ofuscando a visão, ainda fazia um pouco de frio, mas não tanto quanto no dia anterior. Terminei de beber a caneca de leite e saí, pois queria ser útil em alguma coisa.

– Bom dia, senhor, como posso ajudar?

– Bom dia, meu jovem, agora não preciso de nada. Mas se o sol continuar assim, quando for à tarde poderá pegar lenha. Acompanhe-me, vamos nos conhecer melhor. Meu nome é Náscolli di Pienzza, e o seu?

– Jean Yéshua Pastori. Estou grato por me dar abrigo.

– Não foi nada, aliás, eu já o esperava.

– Como assim?

– Sou descendente de uma antiga linhagem de videntes e magos já extinta, agora só restou eu. Gostaria que minha arte ancestral fosse passada adiante, mas não pude ter filhos. Por isso, roguei a Deus que me enviasse alguém, e aqui está você.

Foi assim que nasceu uma grande amizade que, por sinal, dura até os dias atuais.

Com o senhor Náscolli, aprendi as artes da vidência e da cura, a ler e escrever, magia e manipulação de elementos. Mas isso tudo estava latente em meu âmago, o que facilitou a tarefa do amigo. Por anos, acompanhei o amigo e mestre até uma cidade próxima, onde ele era conhecido como o "ermitão curandeiro", Náscolli, sempre que era solicitado. Dessa forma, me tornei o jovem aprendiz de curandeiro.

Não tardou muito para que as moças da cidade chamassem minha atenção, afinal, eu era apenas um jovem, e isso deveria ser natural. Mas o velho professor me advertiu severamente:

– Essas coisas são por sua conta, embora seja um jovem viril e de grande capacidade. Minha missão é lhe mostrar o caminho correto. Se pensa que é por acaso o seu prodígio, está enganado. Por isso, cuidado para não se meter em moitas de ramos espinhosos.

Na realidade, eu sentia meus poderes, mas não sabia como me valer deles. Mas, à medida que os ensinamentos se davam, eles se revelavam gradativamente.

Até que um dia ele partiu para o mundo espiritual, deixando seu legado de lealdade e respeito às Leis Divinas. Meu mundo desabou. Eu o tinha como um pai e, por isso, perdi todas as referências. Fiquei depressivo e chorava o tempo todo, tanto que pensei em abandonar tudo. Mas algo dentro de mim dizia para não desistir. Depois de quase um ano de paralisia mental e orações que aprendi, resolvi me levantar e retomar as atividades, cuidando da casa que herdei de meu mestre querido.

Foi quando as armadilhas do destino me levaram para a nova queda no abismo da alma.

Capítulo 5

A Segunda Batalha

Encontrava-me na velha casa tentando retomar minhas atividades, organizando a bagunça que se deu naturalmente após o período de estagnação e depressão que atravessei. Tirava a poeira da escrivaninha, aproveitando para reler alguns escritos do saudoso mestre, quando fui interrompido por uma voz suave e feminina me chamando pelo nome.

– Deve ser alguém conhecido! – disse.

Olhei pela janela e vi uma moça se espremendo, tentando enganar o frio. Corri a atendê-la e abri a porta.

– Pois não, senhora! Entre logo, aqui está mais quente.

– Precisamos do senhor na cidade, pois há muitos doentes necessitando de atendimento urgente.

Parei por um instante para observar o rosto meigo daquela mulher, a paixão me ferroou de novo, instantaneamente, e eu não consegui reagir, acabara de encontrar mais uma razão para viver.

– Senhor Jean?

Despertou-me a moça acenando sua mão na frente dos meus olhos. Meneei a cabeça e respondi gago:

– Sim, sim, claro! Mas antes preciso ajeitar algumas coisas para levar, sente-se e aguarde um instante.

– Prefiro ir na frente, se não se importa. Quando chegar lá me procure no salão da igreja.

– Mas, e o vigário?

– Ele faleceu, foi mais uma vítima da doença que está se alastrando, e ainda não enviaram outro padre, por enquanto não haverá problemas.

Realmente a igreja estava apenas no começo e não se formavam sacerdotes da noite para o dia. Além do mais, a política romana ainda exercia grande influência religiosa e era muito difícil vencê-la.

– Está bem, irei o mais rápido que puder. Mas qual é mesmo seu nome?

– Rita Piangini, mas pode me chamar de Rita apenas.

Ela se retirou apressada sem dar vazão a conversas inúteis. Apressei-me em arranjar minhas coisas, assoviando displicente, alheio à urgência que a situação exigia. Coloquei tudo que achava necessário na carruagem surrada e atrelei o alazão. Segui para a cidade, onde procurei pela senhora Rita no saguão da igreja, conforme combinado. Uma pequena multidão de enfermos estava espalhada pelos bancos frios. No instante em que olhei para todos os doentes, meus pensamentos se deram conta da realidade, já que até aquele momento eu só pensava em ser um herói para chamar a atenção da musa, cujo rosto angelical fez meu coração bater mais forte. Surpreso com a cena, fiquei meio perdido, sem saber por onde começar.

Não sei precisar em que momento as providências surgiram. Só sei que segui o instinto, deixando fluir as ações sem reagir, que se davam ora por imposição das mãos, ora por aplicação de emplastos e remédios à base de ervas e sementes que meu velho mestre me deixou. Os cuidados se estenderam madrugada adentro sem descanso. Eu consegui me lembrar de todas as rezas e determinações e as aplicava continuamente, ouvindo os gemidos de dor, o que me causava profunda compaixão. Solicitei à auxiliar que afastasse os bancos próximos ao centro e ali risquei com carvão uma grande cabala e ativei os mistérios da cura, até que o silêncio se fez e a calma retomou seu lugar. Mesmo exausto, ainda preparei um remédio em grande quantidade para que pudéssemos ministrar aos pacientes em períodos iguais.

Finalmente, quando raiava o dia, consegui me sentar para descansar um pouco, observando o altar da igreja, onde a escultura simples de uma cruz começou a brilhar mansamente.

Claro que minhas façanhas não passaram despercebidas. Rita me olhava admirada enquanto limpava com um pano e água o rosto dos doentes, mas disfarçava cada vez que eu a via. Notei então que ela se demorava muito em apenas um enfermo. A ternura com que acariciava o homem chamou minha atenção, então me aproximei dela e perguntei:

– Quem é ele?

– Meu marido, Alessandro Piangini. Não sei como ele contraiu esta terrível doença!

A desilusão tomou conta do meu íntimo então, não aceitei a ideia de não poder tê-la ao meu lado, mesmo assim, continuei meus afazeres, apesar de abatido e cansado.

Ao final de sete dias de muito trabalho, praticamente todos estavam curados, apenas houve algumas baixas de pessoas em estado mais avançado e grave da estranha doença. Contudo, meu coração estava ferido e a tal ferida demoraria a cicatrizar. Deixei a cidade em meio aos gritos efusivos das pessoas agradecidas e eufóricas.

No fundo, sabia que deveria encontrar a origem da epidemia, mas negligenciei a consciência, sem dar ouvidos ao mentor que tentava me socorrer.

Sozinho novamente, busquei alívio na leitura do Evangelho que encontrara jogado no chão da igreja, talvez para entender um pouco mais sobre o Cristianismo e sobre a igreja nele baseada, nas pausas entre as idas e vindas do campo e do bosque para buscar alimentos e ervas para o preparo de poções e elixires. Tudo era muito especulativo, seguindo sempre a intuição, já que não havia um estudo aprofundado sobre doenças, tão pouco do organismo humano. Até que, dez dias depois que saí da cidadela, escutei alguém batendo à porta de casa. Atendi sem pressa e era Rita. Seu olhar já não me evitava e denunciava intenções obscuras.

– Boa tarde, senhora, o que foi que aconteceu agora?

Perguntei meio ríspido.

– Posso entrar? Vim trazer alguns presentes de agradecimento.

– Sim, claro! Fique à vontade.

Deixei a porta e fingi desinteresse, andando em direção à mesa para retomar o que estava fazendo.

– Não se incomoda em viver sozinho nesta velha casa isolada de tudo e toda bagunçada?

O coração ferido me fez enfurecer, "afinal, quem ela pensa que é?", perguntei-me em silêncio.

– Deixe seus presentes onde quiser e pode ir embora, e não, não me incomodo de viver sozinho.

Respondi sem olhar para trás.

– Posso ajudá-lo em alguma coisa?

Bati a mão sobre a mesa e já ia responder, mas quando me virei a vi totalmente nua me devorando com os olhos. Eu não pude resistir, embora sentisse algo me segurando pelas costas, mas o instinto primitivo foi maior.

– Mas... e seu marido?

– Está longe a essa altura, e não creio que retornará tão cedo.

Atirei-me sobre ela sem medir consequências e nos entregamos mutuamente no chão mesmo, por horas.

Reencontrei a razão para viver e não descuidava da missão herdada. Atendia a todos com carinho e devoção. Rita me acompanhava, alegando que era minha auxiliar por gratidão por ter curado seu amado. O que não desconfiamos é de que todos sabiam de nosso relacionamento adúltero, porque os olhos mesquinhos de outra mulher, que também me desejava, descobriram tudo nos expiando às escuras.

Isso durou até que o senhor Alessandro retornou de sua viagem. Imediatamente o colocaram a par dos fatos, o que levou o homem a espancar sua esposa até a morte e em público.

Meu coração enegreceu, senti que uma forte tempestade energética negativa se formou sobre mim, e o ódio tomou lugar do amor. Fui até o túmulo de minha amada durante a noite e jurei a ela que a vingaria. As falanges do mal se colocaram ao meu dispor, então. Esqueci-me totalmente de tudo que aprendi sobre o perdão, o amor, a compaixão e o altruísmo.

Foi um verdadeiro massacre. Cometi atrocidades que até mesmo eu duvidava de que era capaz, depois me ocultava em um buraco bem abaixo da cova de Rita. Ninguém foi poupado, nem mesmo as crianças, foi um verdadeiro morticínio muito pior que a epidemia que se abateu meses antes. O pavor se espalhou de tal forma que se tornou uma lenda em todo o país, só alguns habitantes conseguiram fugir ilesos.

Quando conclui meu intento, me enterrei vivo ao lado do túmulo da amada. Suicidei-me, portanto.

Essa queda foi tão devastadora quanto a primeira, já que aos ignorantes a lei é mais branda, mas aos que têm a ciência, estes sim receberão o justo julgamento. Eis que meus atos não passaram despercebidos.

A segunda batalha fora perdida nos campos sangrentos da paixão descontrolada.

Às vezes, penso se é justo expor os seres humanos tão frágeis a tantas ignomínias. Não quero com isso questionar os desígnios do Pai, porque Ele é perfeito. Mas, se não fosse assim, que valor teria a Terra, que fora criada exatamente para este fim? Não é somente uma questão de expiação e provas, mas sim para tornar a alma do ser humano mais forte. Por que razão? Só mesmo quem vence todas as provações é que vai saber! No momento não me foi permitido revelar...

Capítulo 6

Expiação

Decidi não relatar com minúcias todas as atrocidades que cometi nesta terrível passagem, porque até para mim tais lembranças são horríveis e dolorosas. Atualmente, quando vejo meu cetro sagrado, meus símbolos e minhas conquistas, percebo como fui um completo imbecil. Porém, para efeito de exemplo, creio que o que relatei já está bom. Se por acaso um dia encontrarem aquele lugarejo nos confins da Itália, verão que a lenda ainda persiste, com exceção da calunga, que não existe mais... fisicamente!

Mas vamos retomar à minha saga.

A ignorância que o negativismo da paixão causou me fez esquecer que o espírito é eterno. Assim que o punhal prateado que utilizei para me suicidar fincou no peito físico, saltei para um abismo escuro. Não tinha mais corpo, mas ainda sentia a vida pulsar.

– Onde estou? O que está acontecendo? – perguntei para mim mesmo.

Ouvia gemidos dolorosos ao longe. No instante seguinte, gargalhadas cruéis e debochadas atingiam-me os ouvidos.

– Rita, meu amor, é você? Quem está aí?

Senti alguém me bater forte nas costas e me virei tentando revidar, mas não conseguia ver nada.

– Fuja Jean...

– Apareça, seu covarde!

– Suicida hipócrita...

– Demônio infiel...

– Ah, ah, ah...

Ouvia tudo isso nas trevas sem conseguir reagir nem identificar a origem. Permaneci neste estado por anos que não posso mensurar, mas ainda sentia a vida em mim. Não quero também descrever tudo pelo que passei neste desterro do umbral da consciência perdida, aliás, creio que já leram o suficiente para, pelo menos, terem uma vaga ideia do que vivenciei. Mas que foi horrível, foi. E à medida que o tempo passava, mais a loucura, a solidão e o medo me afligiam de forma absoluta.

Até que restou apenas o vazio, um flagelo cadavérico de mim, trêmulo e sem sentimento algum. Toda a esperança de encontrar minha amada se perdeu, apenas a vida ainda pulsava. Em um arroubo de memória, os escritos do antigo mestre Náscolli e de alguns relances do Evangelho vieram à tona, então, comecei a rezar sem saber exatamente para quem, já que a visão era impossível, não tinha forças para nada, mas um sussurro rouco da voz me escapava da garganta. Queria encontrar alguma razão plausível para ainda estar vivo e pensante, levando-se em conta o ser desprezível que fui no recente passado. Permaneci assim, deitado e completamente derrotado, até que uma luz rubra brilhou através de um portal que se abriu e dele surgiu um grande ser de feições humanas, que me levantou brutalmente pelos braços e me tirou dali sem nada dizer. Fui colocado sobre uma placa semelhante a uma maca e levado em uma espécie de carruagem; não pude reagir, apenas cerrei os olhos e suspirei aliviado. A condução alcançou um posto onde fui alojado em um leito e nele permaneci por muito tempo deitado e imóvel, atormentado pelas lembranças, causando-me delírios de loucura e insanidade, mas quando tais ataques se davam, imediatamente alguém ministrava um preparado alvo, cristalino e espesso, também muito amargo, então voltava ao estado de letargia quase imediatamente.

Quando senti meu corpo perispiritual refeito, deslocaram-me para uma câmara logo acima do salão em que fui internado. Ali me prepararam e me lançaram à vida de novo, sem tempo de argumentações ou planos, apenas a carne novamente.

Rita agora representava a figura materna, e do ventre dela renasci sadio.

Cresci feliz, brincando pela casa, que era ampla e bem cuidada. Eu e meus irmãos éramos muito unidos, mas a maldade de um deles se apresentou um tanto intensa demais. Fingindo estar brincando comigo, me levou ao quintal do terreno tão grande quanto a residência, onde a oficina de meu pai estava instalada. Subimos em uma grande árvore e ficamos saracoteando de um lado para o outro, como se fôssemos macacos. Sem perceber o olhar de maldade do irmão, dei as costas para ele, que me empurrou desavisadamente, e eu caí sobre um monte de madeiras repletas de ferro e pregos. Fui socorrido e levado em prantos, pois as dores nas costas eram intensas, mas o doutor não teve como me curar. Dessa forma, fiquei paraplégico e não sentia mais minhas pernas. Todavia, meu irmão mais velho pareceu não se importar com isso, aliás, tive a nítida impressão de que ele ficou mais feliz com o ocorrido, sem saber que no fundo ele desejava mesmo era minha morte.

Contudo, mamãe continuou cuidando de mim com uma ternura e amor tão grandes, que eu mesmo não compreendia. Já meu pai era um homem rigoroso, mas muito gentil. Trabalhava duro para nos sustentar e era bem-sucedido no seu ofício de carpinteiro. Corriam os idos de 1200 d.C., ainda na velha Itália.

Não obstante a minha deficiência, eu era muito estudioso e disciplinado, também pudera, o que haveria de fazer? Mamãe sempre me olhava com imenso carinho, embora se desdobrasse para dar atenção aos outros quatro filhos, dois meninos e duas meninas. Não éramos exatamente pobres, tampouco ricos. Muitas catedrais estavam em construção, bem como castelos e as nobres carruagens dos magnatas, ostentadores e luxuriosos, que eram os senhores do vinho, da política e de outras tantas formas de riquezas. Papai, ao contrário dos inúmeros amigos, preferia nos proporcionar conforto e bem-estar do que desperdiçar o dinheiro com luxo, o que ia ao encontro das preferências da esposa, que sempre se rendia às argumentações sábias do cônjuge.

Até que um dia papai se foi, novo ainda, beirando os 60 anos, o que era comum, na época a expectativa de vida não era muito animadora. Ele nos deixou uma grande herança de espólio. Deu-se início, então, a uma verdadeira guerra pelos direitos aos bens deixados. Discussões inflamadas e infindáveis aconteciam diariamente, e ninguém queria saber de dar continuidade nos negócios do progenitor falecido. Um dia resolvi interromper a discussão para tentar alertá-los:

– Parem com isso. Será que não percebem a delicadeza da situação? Se ninguém fizer nada para terminar as obras encomendadas, nós teremos que devolver o dinheiro que foi adiantado e o que nos restar logo acabará!

– Olha quem está falando! – exclamou Aparício, o irmão mais velho depois de mim, sim, meu pequeno algoz. – Logo ele, um aleijado inútil...

– Aparício, não fale assim de seu irmão – interrompeu mamãe.

Os ânimos ferveram novamente, mas eu silenciei observando a praça pela vidraça da janela da sala, sendo assim, não ouvi mais nada. Apenas me recolhi ao quarto abatido, como se algo terrível e inevitável estivesse para acontecer. Deitei-me com muito custo, pois, para sair da cadeira de rodas, eu sempre contava com o auxílio de alguém. Tive a sensação de estar abandonado e desprezado, ainda assim consegui dormir, depois de fazer uma breve oração de agradecimento entre lágrimas de dor e saudade. No silêncio da madrugada, tive um terrível pesadelo e acordei apavorado. Sonhei que fui abandonado em uma grande praça e rastejava mendigando esmolas para sobreviver, com o rosto todo esfolado.

Um ano se passou desde a morte do patriarca, sem que nada tivesse se resolvido. Porém, mamãe resolveu casar-se novamente. Iludiu-se com a nobre aparência de um senhor que se dizia barão, mas não passava de um lobo em pele de cordeiro. Sua real intenção era surrupiar os bens do rival falecido. O sorriso simpático e alegre dele nos iludiu. Minhas irmãs pegaram seus dotes e se casaram felizes; David, o outro filho, partiu sem nada querer, de forma que só restamos eu e Aparício. Desde aquela noite nós não nos falávamos mais. Mas um dia ele bateu à porta do quarto e se dirigiu a mim de forma gentil:

– Posso entrar?

– Pois não! O que deseja?

– Estive pensando e achei melhor pedir desculpas por tê-lo ofendido naquela noite.

– Não foi nada.

– Não parece, porque você não falou mais comigo!

– Mais por não ter me procurado do que por minha vontade. Aliás, tenho uma curiosidade...

– Qual?

– Nossos irmãos se encaminharam, eu, por motivos óbvios, nem pensei nisso. E você? Não acha que já está ficando velho?

– Sim, é este o principal motivo de estar aqui. Mês que vem vou me casar e vim lhe trazer o convite.

– Que bom, me dê um abraço, fico feliz por você!

Abraçamo-nos, mas senti uma energia estranha.

– Depois de amanhã iremos à capital tratar dos papéis, quer ir conosco?

– Iremos?

– Sim, com nosso padrasto.

– Com aquele sujeito eu não vou, prefiro ficar aqui.

– Ora, deixe de bobagens, ele é um bom homem. Vamos, assim poderá aproveitar para conhecê-lo melhor!

– Está bem, então.

Concordei receoso.

Na manhã aprazada, partimos bem cedo na carruagem recém-adquirida, puxada por dois belos corcéis, atrelados com correias de alta costura e fivelas douradas. O mogno nobre brilhava, exibindo o verniz caríssimo. Os assentos de couro legítimo e veludo completavam o luxo dispendioso que tanto papai odiava.

O que eu não desconfiava é de que um plano maligno fora secretamente traçado pelos dois, que iam em conversa animada pela estrada, disfarçando a verdadeira intenção.

Quase nem notei as belezas do caminho; a viagem seguia lenta até a capital, aonde chegamos famintos. Meu irmão tratou logo de encontrar um bom (e caro) lugar para fazermos uma boa refeição. Após o almoço, Aparício me falou:

– Muito bem, meu irmão, agora vamos cuidar logo de fazer o que precisamos. Fique por aqui na cidade e aproveite o passeio, voltaremos logo para pegar você, senão ficará muito tarde para retornarmos.

– Ficarei bem, voltem logo e não se preocupem comigo.

Os dois se foram, subindo as escadarias. Nunca mais os vi.

Anoiteceu e eu estava ali no meio daquela metrópole sem saber o que fazer nem para onde ir. Os transeuntes aos poucos foram minguando e meu desespero foi aumentando. Tentei me acalmar para não demonstrar meus sentimentos, fechei os olhos, respirei fundo e fiz uma oração silenciosa, pedindo orientação. Foi assim que me lembrei do pesadelo daquela noite. Finalmente entendi o que ocorrera: meu próprio irmão, juntamente a seu comparsa, me abandonou ali, pois este era o único meio de ficar com minha parte da herança. Estranhamente, não os condenei por isso, apenas os perdoei. Senti meu coração leve e aliviado.

Como eu era precavido, trazia comigo uma boa quantia em dinheiro. Não obstante, sabia também que logo ele acabaria, mesmo assim, optei por não voltar para casa.

– Se tiveram coragem de fazer uma barbaridade dessa comigo, não quero nem imaginar o que fariam se me vissem voltando. Que eles engulam e defequem a fortuna por onde bem entenderem – falei.

A velha cadeira estava com as rodas desgastadas e bem duras, afinal, a tecnologia para essas coisas na época era bem precária, papai a fez para mim com carinho e eu me orgulhava dela. Meus braços estavam cansados, mas apesar disso consegui encontrar uma pousada modesta. Fui atendido por uma senhora muito meiga, gentil e bem conversadeira. Tratamos do preço da estadia completa e paguei um mês adiantado. Deitei-me na cama do quarto pequeno, mas muito acolhedor. Recordei-me novamente do triste sonho e perguntei ao céu:

– Oh, Senhor, por que tantas provações? O que mais o Senhor quer de mim?

Adormeci sem respostas.

Acordei assustado com uma gritaria que vinha do salão principal, mas já era manhã, então não me incomodei. Cuidei de minha higiene e saí tranquilamente para ver o que estava acontecendo. Uma jovem desesperada carregava seu filho no colo. O menino sangrava pelos olhos e seu corpo estava repleto de pústulas. A mãe, que era filha da senhora Fátima, dona da pousada, chorava copiosamente entre gritos estridentes.

– Acalme-se, filha, Nossa Senhora Maria Santíssima o curará, tenha fé!

– Como fé? Se os médicos nada podem fazer, quem fará? Seu pobre netinho está fadado à morte.

Aproximei-me de uma mesa para tomar o desjejum, alheio à situação triste que se apresentou.

– Acomode-se, senhor Frederico, vou lhe servir em instantes. Por favor, não se incomode com minha filha!

– De maneira alguma, senhora Fátima, aliás, é muito compreensível. Gostaria de poder ajudar esta pobre criança.

De repente um facho de luz tocou em minha testa e eu apaguei, como se mergulhasse num sono profundo. Senti que não era mais dono de mim e nada conseguia fazer para reagir.

– Traga-me o garoto, por favor – determinei.

A mãe relutou desconfiada, mas trouxe seu filho até meu colo. Eu lhe impus a destra trêmula e comecei a orar em linguagem estranha. Estendi a outra mão em direção ao solo, onde um buraco etéreo se abriu. Ao redor de nós, três anjos surgiram impondo as mãos sobre meu coronário. Assim, uma forte corrente luminosa e cristalina percorreu meu braço até a mão, que começou a deslizar suavemente por todo o corpo da criança, sugando dela um fluido espesso e escuro, que escorreu pela mão esquerda e caía no buraco. Após alguns minutos, o menino abriu os olhos e disse:

– Está coçando muito, mamãe!

A mãe chorou, mais de alívio do que por desespero, e se ajoelhou em prece fervorosa. Todos na sala lhe acompanharam o gesto de humildade e gratidão. Assim que todo o fluido negativo foi drenado do corpo enfermo do menino, os anjos se retiraram e o buraco negro se fechou. Então, eu disse:

– Tragam-me amido de milho.

Não era bem este nome específico que se dava para a farinha de milho, até porque o idioma era italiano arcaico, mas atualmente é conhecido assim.

Só para esclarecer: tudo isso que narrei é fruto de minhas anotações, porque na ocasião eu não fazia nem ideia do que estava se passando, nem dos anjos nem do buraco, muito menos do fluido.

Espalhei carinhosamente o pó pelo corpo do garoto, aliviando-lhe as coceiras. Então ouvi uma voz bem dentro de minha mente:

"Eis tua missão, assim o Pai deseja, assim será".

A ligação mediúnica se desfez e eu voltei a mim sem saber o que tinha acontecido. Apenas vi o menino em meu colo brincando com minha gravata, quase totalmente curado e todos ajoelhados, me olhando com admiração. Acchiropita tomou seu filho nos braços, esboçando um sorriso de alegria entre lágrimas e me agradeceu inúmeras vezes.

– Não é a mim que deve agradecer, mas à Virgem Santíssima, os meios que Ela escolhe para conduzir seus filhos nos caminhos seguros da fé nem sempre são os mais retos e compreensíveis. Reze e agradeça ao Senhor Jesus e a Ela. Passe isso nas feridas de seu filho até elas secarem.

Todos que testemunharam este evento o trataram como um milagre; a notícia logo se espalhou.

Muito trabalho se deu então, pois vários enfermos desenganados, de toda sorte de moléstia, me procuravam e eu os atendia com carinho e devoção, sem reclamar. Os que mereciam eram curados, e isso não cabia a mim julgar, mas ao meu mentor espiritual, que eu tratava como um anjo de Deus, já que durante minha vida ele jamais se identificou claramente. Hoje sei que ele era, e ainda é, o Senhor IIHór-Oum-Om-Hulu-Fér-Yê, que é um mestre da luz violeta, assentado no sétimo grau à esquerda do Senhor Supremo Agne-Yê.

Apesar de todo prestígio alcançado, preferi levar minha vida longe da ostentação. Mantive-me humilde e reto, e tudo que recebia, ou eu doava aos mais necessitados ou utilizava como pagamento à senhora Fátima pela estadia na pensão.

Claro que nem tudo eram flores, pois os que não eram curados me tratavam como charlatão impostor, mas eu não me incomodava. Passava meus dias perambulando pela cidade, rezando em alguma igreja. Não negava auxílio a ninguém, por isso um dia atendi meu próprio irmão, que se dizia desvalido da sorte e me trouxe seu filhinho aos pés da morte. O coração apertado não se rendeu à mágoa e eu curei meu sobrinho com alegria, depois dispensei meu irmão, que não trouxe notícias muito agradáveis a respeito de nossa mãe. Prefiro deixar de lado estas tristes lembranças, eles tiveram o que mereceram, só isso.

No auge da velhice, fui acusado de heresia e bruxaria, e fui condenado à morte na fogueira em praça pública. Creio que também não é necessário entrar nos pormenores deste período negro da história da humanidade, chamado Inquisição.

Enfim, o aleijadinho da praça, assim eu era conhecido, partiu. Sem túmulo e sem luxo ou cerimônias. Apenas uma covinha rasa, aos pés de uma árvore, que Acchiropita cavou, depositando as cinzas do corpo que tão bem me serviu.

Capítulo 7

Nova Colônia

Como era absolutamente ignorante com relação à espiritualidade, apesar de sentir uma presença angelical durante minha vida inteira, fiquei um bom tempo observando meu corpo físico a queimar, tão distraído que nem me dei conta da realidade. Conseguia ver todos, mas ninguém me via. Tentava me comunicar para abrandar o sofrimento das centenas de amigos que deixei, mas igualmente não era ouvido. Demorei até para perceber que já não tinha mais a minha deficiência, e quando senti minhas pernas, tive vontade de correr, porém me contive.

Depois de tudo consumado, segui Acchiropita e seu filho, já com meia-idade, que recolheram as cinzas e foram tristes até o cemitério, escolheram uma bela árvore bem frondosa, creio que era uma macieira, e aos pés dela enterraram a pequena caixa. Em seguida, um facho de luz se estendeu do alto até onde eu estava, então fui transportado através dele até uma colônia espiritual situada logo acima daquela cidade. Lá fui recebido com louvores por milhares de irmãos que me aguardavam, inclusive meu grande Senhor, que me assistiu e me orientou durante minha encarnação.

– Como se sente, filho?

– Bem, meu Senhor, apesar de estar meio perdido!

– Logo se habituará e entenderá que a vida é eterna. Aproveite bem seu estágio aqui. Logo virei buscá-lo. Nosso irmão Kaiessar o acompanhará e o orientará no que for necessário.

Meu novo companheiro saudou-me cordialmente, curvando-se silencioso. Mas quando olhei para o mentor não o vi e fiquei mais confuso ainda.

– Para onde meu Senhor foi? Ele sumiu no ar?

– Não se preocupe, amigo, logo o verá novamente. Há coisas mais importantes para aprender, e eu fui destacado para ensiná-lo. Acompanhe-me, vou levar você a um abrigo. Depois de descansar por esta noite, retomaremos o trabalho.

– Noite? Que noite? O sol ainda brilha no alto!

– Para nós o sol nunca se põe, mas posso assegurar que é noite. Agora entre e tome este elixir, que, apesar de límpido, não é água, não se engane.

Sorvi todo o conteúdo da caneca alva e cai sobre o leito em sono profundo.

Despertei revigorado ouvindo o bater à porta. Sentei-me meio tonto e pedi que entrasse, mesmo sem saber quem era. Passei a mão no peito, senti o relevo das esferas nele cravadas, vi que elas brilhavam esplendorosas. Kaiessar se ajoelhou diante de mim, me saudando com respeito, no entanto, solicitei que se levantasse. Não me julgava tão digno de tal reverência.

– Às vezes custo a entender as leis divinas, senhor Djunlau. Como pode um cavaleiro tão nobre e com tantos atributos, como os do senhor, ter de se submeter a privações e tentações carnais?

– Um dia isso se esclarecerá, meu amigo!

Abri a pequena janela e meus olhos se perderam na linha do horizonte. Comecei a me lembrar das vidas regressas e retrocedi até o tempo de minha origem na dimensão de Órion, onde cursei as mais nobres escolas de magia natural. Recordei-me de todas as provas pelas quais passei para alcançar os 21 graus de cada um dos sete cristais sagrados. Centenas ou talvez milhares de anos de estudos e aplicações, até que fui nomeado guardião do Templo de Cristal da Luz Violeta, há muito extinto, que se localizava em Autáxia. Depois, fui designado para a evolução em Capela. Lá falhei pela primeira vez, por motivos que prefiro não explanar, então fui condenado a conhecer os mistérios da dualidade. Foi quando desci para a dimensão humana da vida e da criação Divina. Assim, rememorei a encarnação como rei selvagem e estúpido. As lágrimas de sofrimento deslizaram pela face alva e cristalina, brilhando ao sol daquela manhã. Seguindo no tempo, cheguei à vida de feiticeiro aprendiz e me lembrei do velho mestre Náscolli e de seus ensinamentos, mas também dos tristes episódios malignos que a paixão negativa proporcionou e chorei novamente. Dessa maneira, compreendi por que vivi a última passagem privado dos movimentos das pernas e de todas as humilhações decorrentes dessa condição. Contudo, a consciência ainda pesava, minha prioridade era me redimir comigo mesmo.

– Não se deixe abater pelo passado, irmão. Logo a oportunidade de corrigir esses erros se dará.

– Tenho a nítida impressão de que precisarei de tudo que passei em um futuro ainda distante. Só não sei ainda em que termos isso se dará. Creio que devo anotar tudo para investigar melhor.

– Jamais fui destinado à dualidade, mas minha ignorância não impedirá de auxiliá-lo no que eu puder.

– Obrigado, amigo! Vou me vestir e vamos sair. Ficar aqui remoendo o passado só vai aumentar o tamanho das feridas, concorda? Vamos à labuta, portanto.

– Concordo plenamente.

Saímos pela colônia conhecendo os vários setores, e posso assegurar que não era um mar de rosas, como relatado em outros livros, embora tudo fosse muito organizado e limpo. Aqui e acolá observava os pacientes e seus casos horrorosos, tentando dissipar da mente meus próprios enganos. Por mais que tentasse, a sombra negra do passado me afligia e deixava meus pensamentos nublados, como se uma tempestade fosse iminente. Os dias se passavam e a rotina já pesava nos ombros, contudo, sempre que tentava me alistar em algum setor, eu não recebia a devida autorização. A ociosidade estava acabando comigo, não obstante a atenção do meu amigo que conhecia cada palmo dali.

– Vamos ao portal, senhor Djunlau, pode ser que lá encontre alguma oportunidade de trabalho.

– Claro! A propósito, de onde conhece este nome?

– Está gravado em seus símbolos, qualquer um que os ver saberá. Aliás, este é só um pseudônimo, se me permitir posso revelar seu nome sagrado e eterno.

– E qual seria então?

– MS Ilhór-Kirsh-Naárgon-Aoum-Hamfér-Yê! Sua precedência me honra, senhor.

– Nossa, eu não sabia. Creio que é porque eu mesmo não consigo visualizar plenamente!

– Quando aprender a manipular os mistérios das esferas, isso não será mais problema.

Chegamos ao pórtico energético da cidade, onde dois guardiões estavam a postos, um de cada lado. Kaiessar os cumprimentou reverente.

– Saudações, grandes amigos guardiões.

Os dois se curvaram levemente, mas em silêncio.

– Apresento-lhes o senhor Djunlau. Os dirigentes solicitaram que mostrem a ele a rotina de seu trabalho neste portal. O tempo dele é breve por aqui, por isso não demorem para lhe dar instruções e também deixem que ele os auxilie.

– Vou permitir apenas porque vejo os poderes dele, pois todos sabem que aqui é muito perigoso.

– Não se preocupem, não pretendo causar problemas – disse.

O companheiro se retirou a passos largos e, tão logo ele sumiu, um grande veículo estacionou em frente ao portal. As portas se abriram e saíram vários espíritos doentes e flagelados. Lembrei-me do meu estágio nos umbrais da grande serpente e tentei auxiliar, só que um dos companheiros advertiu:

– Não toque neles, apenas nas macas. Nossa energia poderá lhes sugar o pouco de vida que ainda resta.

Obedeci, calmamente. Todos foram acomodados em outro carro que seguiu colônia adentro.

– Há muitos destes veículos? – indaguei.

– Sim. Bem como há outras cidades e postos que os recolhem – respondeu-me o mais velho, em tom ríspido.

– Amigo, eu não sei se pode me responder, mas tenho uma curiosidade: por que não pude trabalhar em nenhum outro setor, a não ser aqui?

– Kaiessar é que deveria responder a essa pergunta.

– Desculpe, é que essa questão só me surgiu agora.

– Seu mistério, senhor Kirsh, não é do alto nem da direita, mas do embaixo e da esquerda. Tais energias não podem se misturar. Vou atravessar o pórtico e peço que preste atenção em minha aparência.

Não me foi permitido descrevê-lo, mas asseguro que a transformação foi brutal.

– Notou? Nós fomos criados e preparados para absorver e viver no lado negativo da raça humana, no qual toda maldade está contida. Assim como eu, você também haverá de assumir sua forma e terá suas armas. Mas até que isso ocorra, deverá combater o mal de dentro de sua alma, como fiz algumas centenas de anos atrás.

– Então você conheceu a dualidade?

– Claro, assim como meu parceiro. Somente conhecendo o inimigo é que conseguiremos combatê-lo. Agora peço silêncio, estou percebendo alguma movimentação em meio às trevas.

Ele se retirou assumindo a feição de uma fera raivosa, deixando eu e o companheiro de sentinela. Logo a milícia inimiga se revelou, sedenta e ansiosa para invadir a colônia. A habilidade do companheiro no combate aos incautos me surpreendeu. Não obstante as grandes presas que tinha, ele se revelava a cada um frente a frente e em silêncio os aniquilava sem compaixão, até que só restou o mais furtivo dos meliantes, que não pôde reagir diante da espada cravada em seu cérebro. Depois que todos foram derrotados, ele apanhou e recolheu os ovoides e os guardou em um recinto que parecia feito só para isso, pois havia centenas de outros cuidadosamente separados em estantes diferentes.

Permaneci por ali por um bom tempo, trabalhando e auxiliando os amigos guardiões, quase nem notei que minhas lembranças ruins desapareceram. Sentia-me mais forte e seguro, porém quando já estava me habituando com a função de guardião, o amigo Kaiessar se apresentou:

– Temos que ir, senhor Kirsh, a hora chegou.

– Até logo companheiros, foi uma honra acompanhá-los.

– Seja forte, irmão, precisamos de muitos servidores iguais a você em nosso setor. Espero não ter que recepcioná-lo por este portal. Não esqueça que é preciso vencer o mal. Vá em paz!

Segui o companheiro pela colônia, calado. Estava mais seguro e ciente do que deveria ser anotado. Eu vivenciei a avareza, a ambição, a vaidade, a paixão, o egoísmo e as armadilhas que se armam no interior da alma humana. Tudo isso me deixava mais seguro. Atingimos um outro portal mais luminoso no outro extremo da colônia.

– Aqui me despeço. Que o Divino Deus o conduza em sua nova missão!

Abracei-o agradecido e segui a passos lentos até transpassar o portal, onde brilhava uma intensa luz dourada, ali outro servidor me recepcionou. Demorei a adequar a visão e, quando consegui, já me encontrava em um enorme saguão, onde meu grande Senhor me aguardava. Prostrei-me em reverência e permaneci silencioso enquanto ouvia suas determinações:

– Eis que uma nova oportunidade lhe foi concedida, para que conheças bem a natureza humana. Meu desejo é que retornes vitorioso novamente. Que as bênçãos de força e luz do Criador Supremo recaiam sobre ti.

Intimamente, acreditava que a última passagem pela carne, apesar de bem-sucedida, não fora uma experiência tão valiosa, afinal, vencer as maldades sem conhecê-las não pode ser tratado como uma vitória. Eu estava imóvel em uma cadeira de rodas, o que me restava senão a humildade e a resignação? Salvei muitas vidas? Sim, claro! Mas, e a mim mesmo, será que me salvei? E se por acaso eu não fosse aquele aleijadinho? Venceria da mesma forma ou iria me revoltar com os irmãos para conseguir a tão cobiçada herança do velho pai? O que seria, afinal?

Entrei em um profundo transe íntimo, tentando me colocar na situação terrena, porém sem a deficiência que me roubou os movimentos das pernas. Um sentimento terrível tomou conta de mim, e percebi naquele momento que simplesmente fugir das situações que nos colocam em prova não adiantaria nada para a evolução espiritual. É como se enclausurar em um quarto qualquer, sem ter contato com o mundo e ali permanecer até a morte fatídica. Seria uma vida infrutífera, sem elevação nenhuma. A vivência com o lado negativo da dualidade é que nos torna mais fortes, pois só combatendo as fraquezas é que conseguiremos derrotar em nós mesmos todos os aspectos da maldade e as ignomínias características da raça humana.

Por isso é que fui encaminhado para nova encarnação, para vencer talvez a pior das negatividades.

Com tudo planejado, lido e relido, mergulhei em um novo corpo, destemido e seguro que conseguiria vencer.

Mas...

Capítulo 8

Riqueza

Renasci na França no início dos anos 1400, aproximadamente. Não era mais aquele aleijadinho de outrora, mas um menino levado e esperto. Fui batizado dentro das tradições católicas com o nome de Lion Dijard Tribouchet, no berço de uma família tradicional e rica. O patriarca era de origem espanhola e assumiu a cidadania francesa por razões desconhecidas. Era um homem de alta estatura, cabelos longos e barba bem cuidada. Sua fortuna era imensurável e ele a mantinha com punhos firmes, embora fosse justo, honesto e bondoso com todos os empregados, tanto do castelo onde morávamos quanto do porto, no qual tinha um grande estaleiro e detinha quase toda frota mercante francesa. Assim como minha mãe, ele era extremamente religioso e suas doações generosas à igreja o tornavam mais respeitado que o próprio papa. Infelizmente, mamãe faleceu após o parto, encerrando um ciclo cármico de mais de 300 anos, resultante das desavenças do passado odioso e cruel que teve comigo e com o marido. Contudo, papai não tardou a arranjar uma substituta, que me criou muito carinhosamente, mas não teve seus próprios rebentos por razões físicas. Só soube que ela era minha madrasta quando atingi a maioridade.

Tive uma infância normal e divertida, apesar de limitada aos muros dos imensos jardins do castelo. Fui educado pelos mais rígidos mestres da música, da filosofia, das ciências, da matemática, da administração e da política, falava e escrevia em seis idiomas, sem contar sânscrito e latim. Adorava as experiências absurdas dos chamados eletricistas, que eram os cientistas dedicados aos estudos da faísca, diferentemente dos atuais profissionais, que se ocupam de uma tecnologia muito mais avançada, porém, tudo teve origem nestes nobres desbravadores curiosos. Meu fascínio maior era o corpo humano. Eu dedicava grande parte do meu tempo para desvendar os mistérios da medicina, desapontando meu pai, que gostaria que eu seguisse seus passos nos negócios.

Até que em uma viagem que fiz à Ásia eu descobri um mundo novo a ser explorado, por meio de livros enormes que guardavam os registros de magia e cura. Foi como se um grande universo se abrisse em minha mente inquieta, um achado magnífico que marcou minha vida. Permaneci por alguns anos naquelas terras longínquas, totalmente dedicado aos estudos. Fazia muitas anotações e experiências práticas, sempre obedecendo às instruções criteriosas dos mestres que me adotaram como discípulo.

– Bará Lion deve aprender a utilizar nossas magias sempre para o bem, mas tem de conhecer o lado negativo também – advertiu-me o senhor Chin Yojim.

– Não entendo por que me chamam de bará, meu nome é Lion Dijard. O que é bará?

– Bará não é nome, é grau. Quando estiver preparado entenderá!

– Então o senhor também é bará?

– Não, mas seria uma honra se fosse! Agora tome, estude este último livro e preste muita atenção no que vou dizer: que o Criador se apiede de si se por acaso vier a se servir de qualquer magia nele contida. Que sirva apenas como lição, para que saiba combater os seres malignos que detêm esse conhecimento.

– Obrigado pela advertência, mestre Chin.

Li e absorvi cada linha do grande livro negro e, posso assegurar, era amedrontador, até mesmo as linhas finais, que continham um aviso muito severo com relação ao uso de magias e encantamentos ali contidos. Fiquei realmente assustado e pensativo, pois se assim fosse, então por qual razão algum idiota iria se valer dele?

Finalmente retornei à França, depois de me despedir dos senhores mestres que me acolheram e me ensinaram, entre outras coisas, o respeito para com a criação, não mencionando o idioma chinês ou mandarim. Papai me aguardava ansioso no porto.

– Até que enfim meu filho pródigo retornou. Como foi a viagem, garanhão?

– Cansativa e entediante, mas foi tudo bem! Como estão as coisas por aqui, meu pai?

– Do mesmo jeito, mas ficou melhor agora que está de volta. Já não é mais um menino e já conheceu o mundo, então, pode assumir um cargo na administração do porto, pois tudo isso será seu quando eu partir. Já pensou em se casar? Aposto que há muitas mulheres lindas e fogosas na corte à sua inteira disposição, Lion, aguardando apenas um piscar de olho seu!

– Prometo que pensarei assim que descansar um pouco, estou exausto e ávido por um bom banho.

– Claro, claro! Amanhã começará a trabalhar.

Recolhi-me ao meu quarto entristecido, já que não era o que eu realmente queria, porém, o respeito às tradições familiares falou mais alto, então me resignei para não desapontar meu velho.

Acordei cedo no dia seguinte, estava bem-disposto, principalmente depois de tomar o café da manhã ainda na cama, servido por Marie, uma criada antiga e carinhosa, que veio acompanhada da madrasta que me cumprimentou com um abraço carinhoso, como sempre fazia. Depois fui com papai ao porto, relatando minhas aventuras de além-mar e algumas características do novo idioma aprendido. O velho Antônio ria alto das coisas engraçadas que dizia em chinês. Chegando ao estaleiro, um marujo cumprimentou-nos com cara de espanto e admiração.

– Que cara é essa, homem? Parece que viu um monstro.

– Seu filho, Dijard, senhor Antônio...

– O que tem ele?

– Uma grande tempestade se armou em alto-mar, que estava furioso. Ele ergueu os braços e falou aos ventos, a tormenta cessou, o céu se abriu e nada aconteceu. Como pôde?

– É verdade, todos ficaram admirados e espantados com isso! – exclamou um terceiro tripulante, o imediato.

– Como é que fez isso, Lion?

– Foi só coincidência pai, nada mais! – respondi displicente, tentando dissimular.

– Não foi não, senhor. Não do jeito que as nuvens estavam! Somente Jesus tinha este poder.

– Pois então deveriam se apegar à fé que ele nos ensinou a ter, e não ficarem assustados com a minha fé – respondi, enérgico.

– Está bem, então. Voltem ao trabalho! Só falta me dizerem que ele andou sobre as águas na calada da noite. Vão trabalhar, há muito que fazer aqui, se querem aprender sobre o Evangelho vão à missa.

Assumi meu cargo meio sem saber por onde começar. Longas colunas de papéis estavam dispostas sobre meu birô, que ficava na sala ao lado da de papai. Entre idas e vindas e tomadas de decisões, lembrei-me dos amigos de farra, afinal, eu era jovem, por isso chamei um dos meninos, que se ocupava na faxina, e pedi que ele avisasse a todos para nos encontrarmos na taberna para comemorarmos meu retorno e nos divertirmos um pouco. Contudo, não deixei papai de lado e combinei com ele que, por sua vez, convidou seus amigos, os magnatas da cidade. O resultado não foi outro senão o de que chegamos embriagados à nossa casa.

Até então tudo ia bem naquela vida. Nada me faltava, eu era feliz e herdeiro de um império do comércio marítimo. Até me vali do meu aprendizado e realizei algumas curas, despertando a atenção do povo, que passou a me admirar ainda mais. Mas não vou entrar no mérito destes prodígios. Confesso que isso alimentava meu ego, de forma que em algum momento me senti perdido novamente, sentado no luxuoso escritório, massageando as pernas por razões que eu desconhecia, sentindo uma saudade que não sabia do quê. E o sentimento era tão intenso que tive de fazer uma viagem até a capital italiana, em companhia da madrasta e Charlot, que era uma pretendente muito bonita. Permaneci por horas na praça em Roma olhando de um lado para o outro e, no domingo, resolvi visitar o cemitério, onde me sentei embaixo de uma macieira. "O que será que está acontecendo?" Eu me perguntava em vão. Depois de algum tempo, resolvi deixar isso de lado e retomar o trabalho, afinal, do passado ficaram apenas as lições, que eu deveria ter guardado em algum lugar da memória espiritual. Deveria...

Então, as coisas começaram a virar no momento em que vi uma moça muito linda e encantadora, que me despertou a paixão. Tratava-se de uma plebeia. Seu rosto era angelical, bem delineado, tinha os olhos azuis e os cabelos eram loiros, parcialmente encobertos por um lenço alvo. Seus quadris eram largos, e os seios tentadores, apesar das vestes longas e largas. Tudo isso completava o perfil da jovem, que só tinha olhos para seu noivo, um humilde estivador muito trabalhador.

A tal pergunta que me fiz em meu estágio no Oriente começara a ser respondida. Mas o idiota era eu e nem me dei conta.

Apaixonei-me instantaneamente e meus pensamentos estavam totalmente voltados para ela, dessa forma, encontrei uma razão para trabalhar ali.

Não sabia como reagir a isso, noite após noite eu me deitava e tentava dispersar o pensamento, mas quando percebia estava com aquele rosto na mente. Pedi a Deus misericórdia, para me livrar da tentação, pensei em flagelar-me, mas nada surtia efeito. O que era aquilo? No fundo, sabia que tinha que vencer a paixão para não cair novamente. Não que eu me recordasse dos tempos passados, mas algo me impulsionava a repelir tal sentimento, só que estava muito difícil. Até me enamorei de Charlot para dispersar meus pensamentos pecaminosos com relação à moça, sem conseguir. Confesso que me deitei com uma porção de mulheres gentis, interessadas na fortuna que certamente eu herdaria, todas solteiras e bonitas. Até mesmo as que vinham de outros países. Tornei-me um conquistador nato, mas a que eu queria mesmo, não tinha.

Papai logo notou e tentou me persuadir a esquecê-la.

– Lion, meu filho, ela é da ralé, não serve para você. Com tantas damas até mais belas que ela, você tinha que se interessar por uma criada suja e ainda por cima comprometida?

– Eu sei, pai, mesmo assim eu a quero. Não há como intervir quando a flecha pontiaguda da paixão penetra no coração.

– Concordo com você. Mesmo assim, esqueça-a, não vou consentir esse relacionamento.

Sem saber o que fazer mais, falei com minha madrasta, que organizou grandiosos bailes, convidando as mais belas, requintadas e solteiras senhoritas francesas, espanholas e até inglesas, das mais tradicionais famílias da alta sociedade que conhecia, que talvez por sua inocência e ignorância, não sabia que eu já tinha saído com quase todas. Contudo, sem sucesso.

Viajei novamente, passei alguns meses na Inglaterra, até me enamorei de uma mulher muito bonita e fogosa. Mas nada tirava aquela moça de minha mente, nem mesmo a magia que tão dedicadamente aprendi. A loucura foi a consequência, afinal, eu estava habituado a ter tudo na medida e na hora que queria, não podia desistir assim tão fácil.

Não obstante o auxílio que a espiritualidade me prestava, porém à certa distância, eu não consegui vencer essa tentação.

Comecei pela brutalidade e mandei assassinar o tal noivo. Não adiantou, isso só fez aumentar o sofrimento da jovem e apaixonada mulher, agora em prantos de luto.

Deixei de lado as severas advertências e me utilizei dos encantamentos do livro negro, ou seja, magia negra. Finalmente, a moça se rendeu aos meus encantos e era minha agora. Mas como meu pai não consentia o casamento, ignorando meus argumentos febris, novamente me servi da magia.

Mestre Chin apareceu-me em sonho para me dar um ultimato, como se estivesse prevendo meus atos errôneos:

– As coisas que está fazendo não são dignas de um bará e não se esqueça que eu lhe disse. Que o Criador se apiede de sua alma infeliz.

Acordei assustado, mas já não me incomodava com mais nada, afinal, consegui o que queria e me casei. Mas então outro sentimento se apossou de mim, o ciúme. Qualquer olhar de lado da minha companheira já era motivo de punição.

Realmente a natureza humana é um animal difícil de ser domado. Só que nada se passa em branco diante da Lei, eterna e imutável, e para mim, que sou um filho Dela, as implicações foram severas e cruéis.

Os marinheiros e os empregados do porto ficaram revoltados com meu comportamento obsessivo e me assassinaram brutalmente, esquartejaram meu corpo e jogaram as partes no mar. Relataram que eu havia caído acidentalmente na forte maré e me afogado. Disseram que procuraram meu corpo, mas não encontraram, pois o local era muito profundo e cheio de tubarões.

Dessa forma me transformei em uma alma perdida e aprisionada nas profundezas do oceano. Demorei um bom tempo para recobrar a consciência aprisionada nas masmorras do abismo infinito da loucura. O arrependimento não tardou a se dar. As lembranças do passado glorioso do aleijadinho da praça e do estágio na colônia espiritual socorrista logo me assaltaram a mente, e eu me prostrei em prantos dolorosos de arrependimento e dor. De repente o ódio, o ciúme e a paixão deram lugar ao perdão que eu mesmo deveria me dar. Talvez por isso não houve muito tempo para lamentações e sofrimentos.

Fui arrebatado dali tão rápido quanto caí.

Fiquei em tratamento totalmente inconsciente por quase 50 anos, até que despertei de maneira espontânea. Imediatamente me levaram ao grande salão dourado, onde dois guardiões semelhantes a anjos montavam guarda. Permaneci silencioso sem saber o que estava fazendo ali. Os dois então se ajoelharam e lhes acompanhei o gesto. O Grande Senhor surgiu de forma fluídica do alto de uma abóboda que se abriu em luz; Ele disse:

– Até quando terei que tolerar tuas tolices? Quando saiu de meu âmago há centenas de milhares de anos, te destinei a conhecer a natureza humana e os aspectos da dualidade, para que soubesses combater as negatividades recorrentes dela, porque uma tarefa muito maior está reservada a ti. Mas só o que vejo é teu alinhamento com o inimigo. As forças das trevas podem ser poderosas, mas meu amor pelos meus guardiões é muito maior, e nenhum dos 77 se perderá de meus olhos atentos. Assim eu prometi ao nosso Criador e assim se cumprirá. Deverás partir para outra missão carnal e meus anjos o conduzirão. Aprende e retorna, só que não mais poderás te servir de teus atributos, pois os símbolos sagrados que tens foram anulados por mim, e só por mim poderão ser reativados.

Capítulo 9

Um Lorde

Resignei-me entristecido com as palavras rígidas de meu eterno Senhor do Alto, mas como combater as tentações que a vida nos impõe? A condição humana é muito frágil, fazendo parecer que a linha que separa o bem do mal é tão tênue que nos leva a crer que é impossível. Mas assim nosso Criador fez e, desde a gênese das escrituras, podemos observar tal condição, é a natureza e é para isso que fomos feitos.

Aproveitei o pouco tempo que tive antes do reencarne para investigar melhor o que me prendeu tanto àquela senhora. Vi que se tratava de uma paixão antiga, que posteriormente me serviu como mãe. Sim, era Rita, minha amada. Eu cometi muitas atrocidades por ela no passado e agora novamente. Mas o tempo urgia que me preparasse, então, calei os pensamentos e deixei tais conjecturas de lado.

No fim dos anos 1400 d.C., renasci no corpo de um menino pobre no interior da Inglaterra. Não totalmente miserável, modesto, eu diria. Não posso afirmar que fora um resgate cármico, já que dessa vez meus pais apenas assumiram a missão de me pôr no mundo. Meu pai era um fazendeiro simples, sem muitas ambições, sua vida no campo era suficiente, mas sua esposa nem tanto, apesar de ser dedicada com seus afazeres. Desde pequeno eu ia trabalhar com papai, bem como meus irmãos. Fui o terceiro e derradeiro menino, depois de mim ainda vieram mais duas lindas irmãs, sendo a mais velha uma antiga amante que tive no passado longínquo. Sentia por ela um imenso carinho e uma paixão que não conseguia definir. Queria sempre estar ao lado dela, que cuidava de mim com recíproco carinho. Depois de algum tempo é que fui descobrir que o progenitor fora o marido dela em uma triste passagem, mas este resgate se configurou apenas entre os dois.

Tudo ia bem até o dia em que nossas terras foram confiscadas por falta de pagamentos dos impostos. Nenhum animal ou grão podia ser vendido, ou seja, toda produção seria reservada para quitar as dívidas governamentais, e nenhum dos vizinhos ou parentes poderia nos ajudar. Então perdemos a posse da propriedade conquistada a duras penas pelos antepassados da família. O desleixo de papai se configurou na mais alta incompetência com a administração das contas.

– Não sei o que fazer, Elizabeth, amanhã teremos que nos retirar. Se pelo menos eu pudesse ir sozinho...

– Como assim? Vai nos abandonar? Você não passa de um incompetente idiota e agora me vem com isso! Onde pensa que vou me abrigar com nossos filhos?

– Penso nas crianças. Posso merecer as mais rígidas punições pela minha estupidez, mas eles não, são inocentes.

– Se tivesse me dado ouvidos teria procurado um meio de quitar as dívidas com o governo. A monarquia não se apieda dos plebeus, sempre foi assim e sempre será.

– Eu ainda tenho algum dinheiro, creio que o suficiente para nos arranjarmos até eu conseguir algum trabalho. Iremos para Londres, é nossa única saída!

Tudo isso eu ouvi em silêncio no conforto de minha cama, enquanto os outros dormiam alheios à grave situação que nos cercava. Senti um profundo aperto no coração e tive vontade de chorar, mas me contive, deixando que apenas algumas lágrimas escapassem pelos cantos dos olhos. Não conseguia dormir pensando em como seria a vida longe dali, sem as alegres brincadeiras à beira do rio, sem comer os frutos das frondosas macieiras e sem as chuvas mornas de verão. Até que no meio da madrugada ouvi passos esquivos no corredor e não resisti à vontade de investigar. Era mamãe. "Mas onde ela vai?", pensei. Papai dormia pesado, pois se embriagou do próprio uísque que produzia artesanalmente, talvez para esquecer a situação que se abateu, por isso achei melhor não o importunar. Resolvi segui-la, estava muito curioso. Um homem a esperava próximo ao celeiro. Ele tinha uma aparência nobre e elegante, trajando fino terno e cartola de último tipo, mas a noite escura me impediu de identificar o rosto dele. Os dois entraram no celeiro e fiquei ainda mais intrigado. O que será que iriam fazer ali? Apesar de jovem, eu ainda era inocente. Permaneci em silêncio e fui até lá para observar melhor, mas o que vi me deixou chocado. Creio que não preciso descrever o restante da cena que se desenrolou. Voltei para o quarto horrorizado.

Pela manhã, meu pai já nos preparava para partir, ajeitando as coisas na carroça, quando uma carruagem parou em frente à varanda e dela saiu um senhor que entregou uma carta com o selo do governo a papai. Ele a abriu, pensando se tratar de algum ultimato, mas depois de ler, ajoelhou-se em prantos e disse:

– Querida, Deus ouviu nossas preces, nossa dívida foi perdoada, não precisamos mais sair!

Todos nós ficamos felizes e eufóricos, saltitando para lá e para cá, querendo abraçar uns aos outros, mas eu fiquei confuso, pois, estranhamente, ouvi minha mãe replicar em pensamento:

"Seu deus está morando no meio de minhas pernas, não no céu, bêbado infeliz!"

Mas voltou-se e sorriu displicente ao marido, abraçando-o sem dizer nada.

"Como foi que eu ouvi isso?", perguntei-me confuso. "Será que estou delirando?"

Os encontros licenciosos se seguiram noite após noite, até que minha querida irmã foi posta na dança. Ninguém mais desconfiava da trama odiosa da prostituta que eu tinha que chamar de mãe, sempre enganando meu pai, que se entregou definitivamente à bebida. Não pude mais resistir e para não estragar a felicidade dos irmãos e do progenitor guardei segredo, mas arrumei uma velha trouxa e resolvi partir dali. No meio da noite, eu já ia saindo quando mãe me flagrou:

– Onde pensa que vai, menino?

– Vou embora, não quero mais ficar nesse lugar...

– Não vai não, você ainda é muito novo para se aventurar pelo mundo.

– Vou sim! E, por favor, senhora, não me obrigue a revelar as coisas que tenho visto.

– Viu o quê? Está louco?

– Você com aqueles homens, como pôde? Até Mary? Eu estou é com nojo se quer saber. Se acha que Deus está mesmo no meio de suas pernas é melhor se arrepender, pois o inferno a aguarda. Não me orgulho de ser seu filho...

– Mas...

– Não. Não me diga mais nada. Devo-lhe o respeito de filho, mas me envergonho de seus atos mundanos. Preferia pedir esmolas a ter que testemunhar essa deslealdade todas as noites.

Virei as costas e parti sem olhar para trás. Creio que os resquícios do passado culposo pesaram para que eu tentasse defender a honra do meu velho e embriagado pai que, apesar de tudo, era honesto e trabalhador.

Segui sem rumo pelas estradas estreitas e enlameadas, pedindo carona quando surgia alguma carruagem. Trabalhava por comida e vivia despreocupado, aliviado por não ver as imundices daquela senhora. Como pode um amor tão profundo e puro se transformar em ódio assim, tão rapidamente? Mas era justamente isso que deveria combater. Seguindo um instinto ancestral, resolvi perdoá-la, apesar de não querer mais vê-la. Pareceu-me que pesadas correntes se soltaram das pernas, dando-me a impressão de poder voar.

Cheguei à capital que se desenvolvia a passos largos.

– E agora? – perguntei-me coçando a cabeça.

Estava totalmente perdido e sem saber o que fazer, até pensei em voltar, mas não queria desistir. Sentei-me em um canto limpo da praça, pois as ruas eram absurdamente sujas, ali fiquei imaginando o que poderia fazer no meio daquela balbúrdia, com lágrimas nos olhos. Não sabia ler, muito menos escrever, não tinha um ofício específico. Eu só entendia de vacas, ovelhas e ainda assim muito pouco. Avistei uma mercearia que tinha várias frutas e legumes que eu reconhecera, além de garrafas de leite, que ficava em uma esquina pouco movimentada. Resolvi ir até lá e perguntar o que um jovem interiorano poderia fazer para sobreviver por ali. Entrei devagar, estava acanhado. O cheiro doce das frutas fez a fome apertar, mas a timidez calou a minha voz. Fiquei olhando as prateleiras saboreando com os olhos cada delícia que ali havia, até que um senhor de aparência bondosa me atendeu:

– Em que posso ajudar, jovem?

– Procuro ocupação, senhor. Acabei de chegar do interior e estou perdido na cidade. O que um menino como eu pode fazer para sobreviver aqui?

– Tem alguma instrução?

Pensei na resposta, pois não sabia nem o que significava a palavra instrução.

– Não sei o que é, mas acho que não, de onde vim não havia tempo para essas coisas! – respondi com sotaque caipira, como dizem.

– Por acaso eu estou precisando de um garoto para fazer entregas, mas não posso pagar muito, além disso, ofereço uma boa cama e comida.

– Eu não preciso de muito, senhor!

– Está bem, então. Meu nome é Richard Stronghest. Qual é o seu?

– John Hamilton Northon, obrigado por me acolher, senhor Richard.

– Venha comigo, vou lhe mostrar seu quarto. Depois de se limpar e ajeitar suas coisas, poderá começar a trabalhar.

Estranhei a recepção tão fácil, contudo, não tinha muitas escolhas. Acomodei minha pequena trouxa no chão mesmo, me limpei e obedeci ao meu senhorio com presteza. Trabalhava 14 horas por dia sem reclamar, estava feliz por não precisar voltar para casa. No fim da primeira semana, recebi meus primeiros shillings e os guardei com orgulho. No primeiro domingo acordei cedo e fui à igreja, pois fora a única coisa boa que trouxe de herança de meu pai. Chegando lá vi o patrão acompanhado da esposa. Sentei-me nas últimas filas, estava envergonhado por não saber ler, mas me resignei ao ver que não era o único.

No fim do dia seguinte, um pouco antes do jantar, perguntei acanhado ao senhor Richard:

– Desculpe, senhor Richard, posso lhe perguntar uma coisa?

– Diga, meu rapaz.

– Onde posso aprender a ler?

– Que nobreza de sentimento, John! Fico feliz por ver que você quer se esforçar e progredir. Falarei com minha esposa, creio que ela poderá remediar isso, já que as escolas daqui são só para os mais nobres abastados.

– Mas até onde sei, o senhor tem um título de nobreza, não tem?

– Sim, mas isso não quer dizer que sou nobre, consegui o título por mérito de bravura, apenas isso. Agora, sente-se para comer. Esther, nosso jovem empregado gostaria de saber se você poderia ensiná-lo a ler e a escrever.

– Claro que sim, será um prazer. Mas terá que esperar até que eu acabe meus afazeres depois do jantar.

– Está bem, senhora Esther, gostaria até de poder ajudar! Posso?

– Sem problemas, John. Então coma.

Foi desta forma que aprendi a ler e a escrever. Em apenas um ano, eu conseguia redigir e lia muito bem e fluentemente, por isso me trataram como um menino prodígio. Fiz os exames de admissão na escola e fui aprovado com louvor, afinal, o título do senhorio serviu para alguma coisa. Passei a trabalhar apenas no período vespertino. Às vezes, tinha a nítida impressão de que o casal havia me adotado como um verdadeiro filho, tamanho era o carinho que dispensavam a mim. Após quatro anos de estudos, adquiri grande habilidade comercial e comecei a sentir que a modesta mercearia já estava ficando pequena, ao mesmo tempo que meus colegas começaram a revelar as delícias que a riqueza proporcionava; o desastre começava a se configurar. A ambição tomou o espaço da humildade. Frequentava as festas mais luxuosas nas grandes mansões, era muito admirado pelas mais belas garotas. Nunca abria mão das melhores bebidas. Tudo isso sob o olhar vigilante do senhor Richard, ao qual eu devia muito respeito e gratidão.

– Cuidado, filho, você está mergulhando em mares profundos e pode se afogar! – advertiu-me ele.

– Não se preocupe, senhor, eu sei me cuidar.

– É o que todos dizem. No futuro, não diga que não avisei.

– Prometo que não.

Formei-me no mais alto grau da universidade que, aliás, era muito tradicional e ainda é.

De jovem miserável a doutor em Comércio Exterior. Só que eu queria mais. Fama e fortuna, esses eram meus desejos.

A ambição é, de certa forma, salutar. Quando tratada com equilíbrio, ela nos auxilia no desenvolvimento do intelecto. No entanto, é preciso aprimorar o caráter, direcionar a mente no rumo correto, atento à honestidade e à retidão e, por fim, seguir na direção desejada sem procurar atalhos escusos.

É... Mas eu não observei nada disso!

Em pouco tempo me estabeleci em um escritório, cuja verba vinha do meu antigo patrão e de uma sociedade com meu amigo mais fiel, Edgard Monfort, que se valeu de seu pai, um nobre riquíssimo e muito prestigiado.

Trabalhamos incansavelmente em projetos de castelos, mansões, casas e igrejas, pois Edgard era formado nas Ciências da Arquitetura, e eu tinha a incumbência de vendê-los e de administrar nossas despesas. Mas nenhum projeto era aprovado, não obstante nossos esforços. O insucesso estava me deixando frustrado. Meu sócio não se preocupava, afinal, seu pai sempre o socorria. Ele vivia envolvido em farras e bailes dispendiosos, não nego que algumas vezes eu o acompanhei, mas queria mais, não podia ficar naquela situação.

"Não entrei nesse jogo para perder", pensava no silêncio do quarto, o qual já não era o mesmo.

Então, deixei toda moralidade de lado e cedi ao convite de uma dama da alta sociedade. Ela se chamava Margareth e era muito bonita, 18 anos mais velha que eu. Era casada com um conde; segundo seu próprio relato, o marido não tinha mais a potência necessária para satisfazê-la.

– Aquele gordo idiota só quer saber da fortuna, mais nada.

Mal sabia ela o que se passava em minha mente. Ri de maneira cordial, disfarçando meu descontentamento por ter que ceder aos deleites de uma mulher bonita por fora, mas malcheirosa por dentro. Banhos naquela época eram feitos semanalmente, a água era escassa, apesar de chover quase todos os dias. Foi a primeira e a que espalhou minha fama de bom amante a todas as damas da alta sociedade londrina.

– Pelo visto, deve ser difícil encontrar bons maridos por aqui!, exclamei e ri alto no interior de um banheiro, enquanto contava o pagamento; quando a lembrança do meu velho pai me assaltou a memória, eu ri mais ainda. Entretanto, eu queria mais, não só dinheiro. Então comecei a dar golpes nos grandes magnatas, além de me deitar com as esposas deles, ávidas por sexo. Assim fui galgando os degraus perigosos da nobreza, sempre trapaceando e passando por cima de todos à minha frente, de forma que consegui construir minha própria mansão, projetada pelo amigo Edgar, que nem desconfiava de minhas falcatruas.

Sendo assim, já era mais bem-visto pelos nobres amigos da alta sociedade. Conquistei o coração de uma jovem filha de um duque e, após algumas armações ardilosas e cruéis, casei-me com ela. Havia finalmente conquistado o título de nobreza. Tornei-me o Lorde John Hamilton Northon.

Queria deixar o passado pobre de lado, mas a imagem do velho e ébrio pai sempre me surgia. Resolvi fazer uma visita à antiga fazenda, que fora o lar de minha primeira infância. Chegando lá me entristeci, pois papai e mamãe estavam mortos e minhas irmãs se tornaram prostitutas, seguindo o exemplo da mãe. Era assim que os duques, condes e demais nobres se saciavam, deixando as esposas carentes, para minha sorte.

"No que eu me tornei? Em um ser tão desprezível quanto minhas irmãs", pensei aflito, enxugando as lágrimas, para desespero da jovem esposa, alheia às minhas conjecturas íntimas.

– Por que está chorando, John? Quem são estas mulheres? Que lugar mais horrível para viver!

Avistei dois garotos correndo em direção à carruagem e desci. Não fui reconhecido pelas manas, que me acenaram oferecidas. Acolhi os dois nos braços.

– Quem são vocês, hein? Querem doces?

– Sim, sim!

Dei-lhes doces e deduzi que eram meus sobrinhos por causa da a evidente semelhança com uma das minhas irmãs, a mais bela. Embarquei novamente na carruagem mais entristecido ainda e coloquei Margareth a par da situação.

– Nossa... Que triste! Devia adotá-los, seria justo. Não acha?

– Vou pensar nisso, querida. Vamos cocheiro, toque para Londres.

Obviamente, tudo estava registrado nos anais de minha existência. O mentor que tudo via não deixaria passar em branco.

Resolvi me revelar às irmãs e pedi que deixassem os seus filhos aos meus cuidados, pois minha esposa não podia ter filhos. Eu os criei e eduquei com imenso carinho. Creio que este ato amenizou minha punição futura.

Enfim, toda aquela promiscuidade descuidada teve efeitos dolorosos. Primeiramente com minha companheira, que foi a óbito pelas doenças venéreas infecciosas por mim adquiridas nas inúmeras relações depravadas, e, por fim, eu adoeci, pouco depois dos 40 anos. A sífilis, aliada a outras doenças, levou-me à morte inevitável.

A fortuna amontoada quase ficou sem destino, não fosse a adoção dos sobrinhos, que eram novos ainda, por isso minhas irmãs trataram de gastá-la toda, sem critérios, restando apenas a mansão, que posteriormente foi demolida. A miséria do espírito se revelou de forma cruel, e nada mais restou dos antigos sonhos de fama e fortuna.

Capítulo 10

Umbral e Ascensão

– Por que não permaneci naquela humilde fazenda, vivendo minha vida simples e pacata, plantando, colhendo, tratando de animais e ordenhando minhas vacas? O que haveria de errado nisso?

Essa foi a pergunta que me fiz, perdido na escuridão do umbral da mente arrependida, mais uma vez. O corpo espiritual estava em frangalhos, repleto de pústulas nojentas, e nelas os vermes oportunistas festejavam a vitória das sombras. Dessa vez eu não estava com medo, mas com ódio de mim mesmo. Subitamente, as lembranças do passado vieram à tona e eu não consegui evitar. Todos os meus opróbrios se passaram como um filme em uma tela aberta bem na frente de meus olhos fragilizados. Que condição era aquela? Falhei novamente, cedendo às tentações poderosas da carne, desobedecendo às determinações enérgicas de meu Pai.

– Certamente o grande Senhor Agne não me deixará impune! – exclamei-me silencioso e desesperado, e segui me perguntando:

– Até quando ficarei aqui amargando esta podridão? Qual será minha punição desta vez?

Gemidos e gargalhadas já não me importunavam mais, estava alheio a tudo ao meu redor, e busquei apenas algum alento para tais angústias e aflições na oração.

Por quanto tempo? Que tempo? Não sei mensurar, só sei que permaneci estático e me ocupava apenas em limpar as feridas purulentas e a espantar um ou outro perseguidor com tapas pelo ar, já que as trevas eram densas. Por vezes, levantava e caminhava de um lado para o outro, sabia que estava aprisionado em mim mesmo, mas o que eu podia fazer? De repente, tudo parecia sem nexo e a monotonia me deixava agoniado, parecia até que eu tinha que ficar habituado com aquilo tudo.

Finalmente, fui retirado dali quase sem forças para nada. Já não havia mais feridas, contudo, a consciência ainda pesava. Sem muitas cerimônias ou tratamentos, fui encaminhado para a vida terrena novamente. Mas antes de partir, pude ouvir:

– Este será teu último estágio carnal, portanto, aproveita.

Renasci em uma fazenda do sertão brasileiro, filho de escravos. Não é preciso detalhar aquela época sombria da história mundial, pois, como disse antes, existem vários relatos que dão pelo menos uma noção de como tudo se passou, e muito ainda está por vir. É só um aviso.

Meu pai era uma espécie de coveiro na cidade, embora fosse como escravo de um grande latifundiário local. Eu quase não conheci minha mãe, mas sei que ela dividia seu tempo entre as tarefas na cozinha da sede da casa da fazenda e suas obrigações de Ialorixá, que herdara de nossos ancestrais africanos. É estranho falar em ancestralidade, principalmente eu naquela condição, mas esta era a tradição e a crença de todos os irmãos de pele. Foi assim que tive os primeiros ensinamentos a respeito do culto de nação, trazidos do berço africano, mesmo sem saber que se tratava de minha genetriz.

O dono da fazenda, apesar de rico, tinha ideais abolicionistas e talvez por isso permitia que realizássemos os cultos africanos, apesar de sermos escravos. Claro que a única condição era assistir à missa aos domingos.

Neste cenário, eu me desenvolvi ao lado de meu pai, Francisco ou nhô Chico, como era conhecido. Era muito famoso também por seu ofício de pedreiro e eu me orgulhava dele. Ele fabricava tijolos com grande destreza e me ensinava pacientemente. As covas que construía não eram apenas buracos, havia uma certa arte, um capricho levado tão a sério que eu não compreendia, e que variava de defunto para defunto. Certa vez, perguntei a ele:

– Para que tanto capricho, pai? Ninguém vai ver nada disso!

Não é preciso explicar que o sotaque não era assim tão rebuscado, mas vou tentar reproduzir de forma semelhante à glosa dele:

– Anqui na calunga fio, num dianta ser rico ou pobre, branco ou negro, pra modi que dispois qui enterra fica tudo igual, pruquê quem manda é jurgamento di Pai Olorum. Todas almas vão pagar o preço justo pelo que fizeram. Por isso o que manda é a consciência, o que a gente pranta nela a gente cóie na medida certa. Si nóis fizé a nossa parte direitim, não tem preço no mundo que pague. Vosmecê nunca deve de esquecer disso. Entendeu agora?

– Entendi – respondi coçando a cabeça.

Perceberam como é difícil reproduzir na íntegra o dialeto arrastado? Por isso vou me eximir de ditar os diálogos tal como se deram ao filho que lhes escreve.

– Se pensa que nosso destino é o céu ou o inferno, como o vigário explica na missa, está enganado, filho. Aqui mesmo neste cemitério está cheio de almas arrependidas e sem destino. Elas só não nos fazem nada, porque as tratamos bem. Agora chega de conversa e vamos trabalhar.

Ele tomou um trago da cachaça que sempre trazia, acendeu o velho cachimbo e retomou sua atividade com serenidade. Eu, por minha vez, continuei pisando o barro.

Seguimos o curso sereno da vida resignados e felizes, diferentemente de alguns irmãos de raça que viviam armando planos de fuga, mas não na propriedade onde vivíamos, já que nem tronco tinha e a senzala era até bem confortável, porém nas outras fazendas... É melhor nem comentar, não vem ao caso.

Aprendi com mamãe os segredos do jogo de Ifá que, por sua vez, herdara de seu pai, o qual a ensinou porque não teve filhos homens, e creio que também meu avô já previa a desgraça que se abateria sobre a nação africana. Para orgulho dela me tornei Babalorixá, iniciado de acordo com as mais rígidas tradições. Dessa vez, não deixei a maldade tomar conta de mim. Dominei o animal interior que havia dentro de meu ser e o matava todos os dias por meio da disciplina. Quando papai já não conseguia mais realizar seus trabalhos, eu assumi seu lugar. Mas, dessa feita, como tinha amizade com Maurício, o filho do senhor Amadeu, que era o senhor do engenho, comecei a ganhar alguns trocados, pois meu amigo passou a cobrar pelos serviços e, para não ser injusto, resolveu me dar uma parte dos lucros. Eu não liguei muito, pois, afinal, não tinha onde gastar.

Até que se iniciou um período difícil na cidade por causa de um ataque espiritual de uma horda de espíritos malignos sedentos por vingança. Tudo começou com a morte de um senhor feudal vizinho que era muito cruel, depois de uma terrível batalha pela posse de terras, mas ele angariou muitos mais inimigos mortos do que vivos. Inconsciente de sua passagem, ele tramou uma vingança ainda mais ardilosa com o intuito de render toda a cidade aos seus pés. Em razão dos ataques espirituais hediondos, os habitantes locais começaram a ficar loucos e adoeciam alucinados, afirmando terem visto o coronel e coisas do tipo, mas ninguém encontrava explicações plausíveis por causa da descrença da existência de espíritos. O pavor começou a tomar conta de todos. As orações e os exorcismos dos vários padres que compareciam destemidos com seus terços em punho não surtiram efeito. Todo tipo de tratamento foi ministrado sem sucesso. Até que uma senhora da elite local, que conhecera a doutrina de Kardec por ocasião de uma viagem à França, sugeriu em assembleia dentro da igreja:

– Por que não chamamos o "Negritim" do cemitério?

Esse era o codinome pelo qual eu era conhecido, mas me chamava Antônio. Mesmo relutantes, os governantes locais atenderam ao pedido da velha dama, deixando o orgulho de lado.

Meu desenvolvimento mediúnico me permitiu ver o que ninguém conseguia enxergar. Minha primeira providência foi caminhar à noite pelas ruas, precisava saber com o que iria lidar. Sentei-me no chão da praça e ali joguei meu cordão de Ifá para ter a exata noção do que necessitaria para apaziguar os espíritos trevosos. Meu antigo amigo de trabalhos nos umbrais da ignorância me auxiliou, aliás, ele era meu mentor na época. Ao amanhecer, procurei o vigário juntamente ao regente e lhes disse:

– Preciso fazer um ritual na praça principal o quanto antes. A única coisa que peço é que quando isso for feito todos permaneçam em suas casas e não saiam para nada.

– Então que seja feito amanhã à noite. Se acha que vai resolver toda essa loucura, nós cuidaremos das providências necessárias.

– Há muitos inimigos à solta, são eles que estão causando todas as desgraças para aniquilar toda a existência da cidade. Mas tem remédio, eu vou cuidar de preparar tudo de que preciso e logo tudo ficará bem.

Maurício, meu amigo e senhor, acompanhou-me na reunião e disse:

– Tem certeza disso, Antônio? Quer ajuda?

– Tenho sim, Nhô Maurício, não se preocupe comigo, fique em casa rezando se lhe faz bem.

Não vou detalhar o trabalho realizado, apenas que foi para Exu, meu velho amigo espiritual de milhares de anos. Se os inimigos soubessem desse poder de contra-ataque talvez não se atrevessem a importunar aquela cidade daquela maneira. Toda a horda foi recolhida e aprisionada, enquanto eu fazia as determinações em dialeto banto no centro da praça principal. Ao amanhecer, tudo estava consumado. Mas ainda tive que curar alguns doentes enlouquecidos pela perseguição dos malfeitores que ainda insistiam em se ocultar dentro das casas. Depois de alguns dias, tudo se normalizou.

O prestígio e a humildade aumentaram em iguais proporções. Não aceitei as grandes recompensas que me ofereceram, deixei isso ao encargo de Maurício que contava feliz o dinheiro, rindo à toa. Pedi apenas que me deixassem continuar com meus cultos, atendendo meus irmãos de raça tão carentes de carinho e atenção. Não negava atendimento a quem quer que me procurasse com problemas de saúde ou algum mal espiritual.

Tive uma única esposa e juntos criamos 18 filhos, todos com alguma ligação no passado que, desde então, deixou de ser um fardo pesado na consciência eterna. Ensinei com carinho e paciência os caminhos da religião ancestral a todos os meus filhos e filhas, e além deles tive outros mais de 50 filhos espirituais, até mesmo de outras fazendas. Mas somente dois seguiram meus passos, José, o mais velho, e Vicentina, a segunda menina. Os demais preferiram a vida no campo, pois todos nasceram livres, pela gratidão do querido amigo Maurício, herdeiro natural das posses de seu pai, que não aceitava a condição de escravidão em que viviam os negros contemporâneos.

Contudo, nem tudo foi bonança. Fui perseguido e injuriado várias vezes, quiseram até mesmo me chicotear em público. Lógico que não permitiram, eu era muito querido, mas o preconceito foi, é e sempre será um mal que não se combate com armas, mas com o coração limpo e com o perdão. Porém, não vivi integralmente esse tempo de tempestades negativas naquele lugar, pois, em uma noite serena de abril, retornei à pátria espiritual, contando 98 anos de idade.

Finalmente, a vitória tão esperada por meu grande Senhor Agne se deu. E Ele já me aguardava no pórtico luminoso da colônia do Oriente. Seu olhar orgulhoso e brando me cativou, mas ao mesmo tempo senti que meu lugar não era ali. Estava cansado, porém feliz pelo dever cumprido. Os companheiros espirituais me saudavam com sorrisos acolhedores enquanto caminhávamos pelas largas alamedas da colônia, até que chegamos a uma sala alva, onde entidades luminosas nos aguardavam. Uma sensação estranha me percorreu o perispírito, contudo, permaneci em silêncio.

– Salve, senhor Kirsh!

Cumprimentou-me um ancião com um abraço fraterno.

– É com grande alegria que o recebemos vitorioso em nosso meio.

– O sentimento é recíproco de minha parte, Senhor, mas receio que aqui não é exatamente o meu lugar!

– Tem razão, porém, não se preocupe com isso agora, nada tema.

– Não se trata de medo, é ansiedade, talvez.

– Suas obrigações carnais se encerraram, mas as do espírito estão para começar. Teve o privilégio de experimentar todos os aspectos positivos e negativos relativos à dualidade. Agora chegou a hora de se alistar em nosso exército para combater as negatividades do lado espiritual.

– E como farei isso?

– O mistério Exu que conhece tão bem será instalado em seu âmago, uma vez que foi gerado à esquerda de Agne, que o fez com essa mesma intenção, obedecendo aos desígnios do Pai. Mas antes deverá conhecer todos os aspectos da Lei. Dessa forma, será apresentado a um guardião de Ilá-Fér-Mehór-Yê, que lhe dará instruções sobre todas as suas ações no embaixo, e também lhe apresentará todos os grandes. Por fim, se for aprovado, assumirá seu posto de serviço e fundará sua falange, inaugurando seu grau e degraus que nela conseguir construir. Não há tempo para descanso, senhor Kirsh. Que o Senhor eterno lhe seja bendito!

– Que assim seja.

Saí em companhia de meu Senhor, que me presenteou com o grande livro da Lei e uma insígnia, para que eu pudesse ser identificado nas trevas por onde passasse. Chegamos ao pórtico novamente e o Pai me falou:

– Louvado sejas tu pela coragem. Saibas que sempre te acompanharei em todos os teus passos, onde quer que vás. Só a vitória interessa aos meus escolhidos, não te esqueças nunca disso!

Senti-me revigorado e rejuvenescido, já que o peso da idade não fazia mais diferença. Parti para a vastidão do embaixo junto a um novo companheiro, que me recepcionou cordialmente.

– Paz seja em ti, Bará Kirsh!

– Desejo-lhe o mesmo... Senhor?

– Não tenho nome, e sua primeira lição é: não me chame de senhor enquanto estivermos em ambientes externos, há inúmeros inimigos que adoram quando encontram algum "senhor" – frisou – solto pelas trevas. Trate-me apenas por companheiro ou algo do gênero. Sigamos em silêncio a partir daqui.

Obedeci-lhe, cauteloso. Vagamos por algum tempo sobre a paisagem aparentemente desértica, enquanto me lembrei das palavras do antigo mestre chinês e, então, compreendi por que ele me chamou de bará. "Será que eu o verei novamente?", pensei. Até que me dei conta de que estávamos pairando no ar, ouvindo alguns ruídos e gemidos assombrosos. Vez por outra, via vultos negros despencando da crosta, mergulhando no abismo praticamente infinito, entre gritos de desespero.

– Há uma guerra na superfície e almas caem aos milhares, não se preocupe, o destino delas é certo.

– Aonde estamos indo, parceiro?

– Para um lugar isolado, onde poderá estudar seu livro com calma. Será a melhor maneira de se habituar com seu novo ambiente de trabalho.

– Então esse passeio não é por acaso?

– Não é um passeio nem é ao acaso. Se não notou, estamos volitando, é sua primeira lição, aprenda logo!

– Mas... Não é o que estou fazendo?

– Sim, mas com meu auxílio!

Chegamos à porta de um posto, onde uma fera raivosa de difícil descrição nos recepcionou mostrando suas presas enormes. Tremi o corpo todo e se pelos eu tivesse todos se arrepiariam, mas o parceiro parecia calmo.

– Laroiê-Hô, viemos em nome da Lei!

A fera então se transmutou em um nobre cavaleiro e tive a impressão de já conhecê-lo.

– Am-Iêmo-Yubá. Quem por acaso se apresenta?

– Vim trazer Kirsh, meu aluno, designado pelo grande Senhor Agne-Yê.

– Entrem, o chefe os aguarda. Perdoem a recepção raivosa, mas as regras de segurança devem ser seguidas.

– Não há de quê!

Entramos calmamente pelos corredores estreitos e rochosos, iluminados por tochas estranhamente frias.

– Não olhe para trás.

Atendi calado. No interior, um homem idêntico ao primeiro se apresentou dando boas-vindas.

– Sejam bem-vindos. Acomodem-se e não se preocupem, estamos seguros aqui. O senhor é Kirsh?

– Sim, senhor. Sou eu mesmo, prazer em conhecê-lo!

Ele me observou da cabeça aos pés, como que a desvendar os mistérios contidos na natureza de meu ser e disse:

– É... Pelo jeito nossa missão não será tão difícil, concorda, mestre?

– Plenamente.

– Se depender de mim não! – respondi determinado.

– Então pegue seu livro e comece a ler, aqui é sua mesa de estudos. Caso sinta necessidade, beba este fluido, ele não só regenera, como também fortalece o espírito.

– Mas...

– Não há tempo para maiores frivolidades. Saiba que aqui não se conta tempo, não há dia ou noite, apenas trabalho. Aproveite a paisagem.

– Está bem, então!

Sentei-me e abri o livro sobre o balcão que ficava diante de uma espécie de vidraça, mas não era propriamente de vidro, talvez fosse um elemento fluídico transparente e energizado, de onde se podiam ver todas as atividades do lado externo. O companheiro se amalgamou na parede e ali ficou inerte e vigilante; assim permanecia durante todo o tempo em que ficávamos lá.

Estudei a fundo o livro, colhendo anotações e tirando dúvidas, algumas com o guardião local, o qual não permitiu a identificação, outras com meu instrutor, que também não me abriu seu nome, mas eu o apelidei de Nenihoór, que no dialeto sagrado é quase o mesmo que parceiro. Porém, o período que demorei para memorizar todo o conteúdo do livro é imensurável. Não há dia ou noite, não há sono ou repouso em nosso meio. Mas sei que li e absorvi todos os termos da Lei Divina eterna e imutável, aplicada e executada por todos os grandes guardiões sagrados.

– Creio que terminei, Nenihoór!

– Espero que tenha guardado tudo, pois no futuro será cobrado. Agora, vamos ao estágio prático.

Foi assim que aprendi a volitar e assumi minha forma de poder, que não posso revelar, por motivos de segurança particular. Depois, saí com o nobre guardião do posto em missões de resgate, sempre obedecendo a uma ordem preestabelecida pelo alto escalão. Dessa forma, exercitava o poder de barganha, e claro, sempre em companhia do meu companheiro, que jamais me abandonou. Não posso afirmar que tudo foi uma maravilha, existem coisas no inferno da alma humana que são indescritíveis. Por vezes, as batalhas requerem um pouco mais que complacência e bondade. Teremos de evoluir muito para que tais fatos sejam revelados na íntegra. Por isso, deixemos esses pormenores de lado e sigamos com minha jornada.

O guardião era, ou melhor, ainda é, o chefe espiritual de uma tenda ou roça, porém, ainda não havia incorporação de nossa linha, como há nos dias atuais, e eu o servia, acompanhando os enfermos da alma; depois, fazia uma espécie de relatório verbal das várias situações que se apresentavam, sendo que nas menos complexas eu mesmo tomava as providências necessárias, determinadas por ele, e sempre anotando o máximo das informações que podia, quando havia tempo vago.

Até que um dia, o hoje amigo se dirigiu a mim, um tanto entristecido:

– Creio que agora está pronto para nova jornada, Sr. Kirsh. Foi um grande aluno e me serviu com afinco durante sete anos. Nenihoór o acompanhará até os portais do Grande Oriente e lá se apresentará ao Senhor Agne, com as minhas recomendações e considerações mais positivas. Que o Criador lhe seja bendito em sua nova jornada!

Despedimo-nos com um forte abraço e eu parti junto ao meu instrutor em busca de meu próximo destino.

Capítulo 11

Serviço

Até agora lhes narrei minhas experiências de forma sucinta, pois se fosse detalhar tudo, necessitaríamos de muito mais que um simples livro. Contudo, creio que deixei claro que vivenciei na pele todos os tipos de agruras da carne. Posso assegurar que não há um só guardião ou guardiã, em qualquer um dos mistérios, que não conheça tão bem, senão mais do que eu, todos os aspectos positivos e negativos relativos à dualidade. De outra maneira, creio que não seria possível combater o mal e conduzir nossos filhos ao destino maior, que é o seio do nosso eterno Criador. Esclareço ainda que estamos falando de guias espirituais de trabalho, já que os sagrados guardiões dos mistérios Mehór-Yê e Mahór-Yê nunca encarnaram, embora conheçam bem os mistérios da dualidade e tão bem nos auxiliem. Se lerem com mais atenção, vão notar o que lhes acabei de explicar: bem e mal, amor e ódio, fé e ilusão, trevas e luz, e assim por diante.

Foi exatamente isso que o Grande Senhor Agne me inquiriu assim que me apresentei:

– Agora que tens a ciência do alto, a experiência do meio e a vivência do embaixo, serás sabatinado e, se fores aprovado, eu pessoalmente o nomearei Guardião de Lei. Estás ciente de todas as obrigações decorrentes disso?

– Sim, meu Senhor.

– Prossigamos então.

Assim como aqueles que vieram antes e depois de mim, fui encaminhado ao centro de um saguão, onde todos os Grandes Senhores e Senhoras do Alto, em companhia de Seus Guardiões e Suas Guardiãs, que se identificam como "Os Grandes do embaixo", nos aguardavam. Então, sob todo esse testemunho atento, fui submetido à longa e árdua prova oral. Embora estivesse mentalmente exausto, obtive êxito.

Perguntariam vocês: "Mas por que o Senhor Calunga está falando disso?"

Explico: para que tenham a exata noção do que é necessário fazer para ser um guia na Lei de Umbanda.

Aliás, foi isso que eu me perguntei quando a seção interrogatória se encerrou:

– Mas, afinal, para que tudo isso? – questionei, franzindo a testa.

– Nossa religião, baseada nos princípios da Tradição, foi inaugurada na Terra, e o exército necessário está sendo recrutado, filho. Por isso não há espaço para falhas. Milhares de almas cristãs bondosas já tentam derrotar as milícias malignas e obsessoras por meio de palavras de bondade e amor contidas no Evangelho, seguindo o comando do Senhor Supremo

IIá-Ór-Erxalá-Yê, cujo enviado viveu na carne também. Não deixa de ser uma tentativa louvável, mas não é suficiente para combater a horda trevosa do mal que permeia as sombras. Apenas palavras lamuriosas, pregações e apelos de reforma íntima não serão suficientes.

– Entendi. Então devo deduzir que estou alistado nesse exército!

– Exatamente. E embora esteja destinado a ser um de meus capitães, por enquanto prestará serviço no sétimo degrau da falange deste companheiro, que foi designado pelo Senhor IIHór-Oum-Om-Hulu-Fér-Yê, seu iniciador e mentor, assentado à minha esquerda. Dessa forma, servirá a ele a partir do momento em que prestar seu juramento e, consequentemente, for nomeado Exu de Lei oficialmente.

Assim se fez. Eu já não era mais um simples espírito, mas um executor da Lei. Assumi meu posto de serviço no sétimo degrau do primeiro grau do Grande Senhor Ihinar ou Exu Tatá Caveira, que chefiava uma tenda na cidade do Rio de Janeiro. Com ele, consegui resgatar milhares de almas perdidas na escuridão, mas não tinha permissão para incorporar.

Falando assim parece fácil, mas até poder assumir meu próprio trono, há mais ou menos 80 anos, muitas coisas aconteceram. Tentarei descrever apenas algumas dessas experiências, que foram devidamente autorizadas pelo líder. Nem tudo pode ser aberto, pois envolve algumas autoridades famosas. Nem sempre é possível relatar sem dar nomes, mesmo que estes sejam fictícios.

Segui em companhia do novo líder até seu ponto no embaixo, onde fui apresentado aos demais servidores. Não houve uma acolhida cordial, apenas algumas palavras de saudações pouco animadoras, afinal, estávamos em um ambiente denso e perigoso, não há muito espaço para tais nugacidades, por exemplo, "amigo", "irmão" ou algo desse gênero. Cumprimentamo-nos apenas com gestos silenciosos e breves.

– Aqui em meu ponto o silêncio é uma regra, a primeira, para ser mais específico. Creio eu que em nosso campo de trabalho no embaixo da criação seja assim mesmo em todos os reinos. Não admito falhas, esta é a segunda regra. Não quero dizer que somos perfeitos, mas essa é a nossa meta. Portanto, assuma seu posto e se prepare para trabalhar, e muito. Entendeu?

– Perfeitamente!

Dirigi-me ao meu degrau e me coloquei à disposição, ao mesmo tempo que minha mente se digladiava com a questão que não se calava: eu pensei que do lado espiritual, entre companheiros aliados, não houvesse tanta disputa assim, parecia-me até que eu era um inimigo ali.

"Você não é nenhum inimigo e cale sua mente. Olhe ao seu redor e se localize, depois imagine se podemos ser cordiais ou ter grandes amigos por aqui. Apenas confiamos uns nos outros, sem demonstrar nossa afeição. Quando formos prestar contas aos nossos líderes do alto, então poderemos ser amigos e conversar cordialmente. Aqui não."

Tudo isso eu escutei na mente, não eram palavras propriamente ditas, claro que não me surpreendi dessa vez, mesmo assim, aquietei o pensamento e me conservei vigilante.

Após algumas horas de sentinela atenta, percebi uma estranha movimentação na escuridão, ao mesmo tempo que senti o peso de minha espada sagrada se revelar na cintura. Redobrei a atenção e assumi minha forma de poder, sem alardear minha presença.

– O que é isso? Isso não existia até pouco tempo atrás! – disse um dos supostos invasores.

– Será que há alguém ali? Precisamos relatar ao chefe.

– De jeito nenhum... Vamos invadir e pronto!

– Não temos recursos suficientes para saber o que houve, pode ser uma armadilha. É melhor tomar cuidado.

Enquanto eles discutiam, o líder se revelou ao meu lado e aguardou, creio que para saber qual seria minha providência, mas eu estava seguro com a mão na espada.

– Vamos, então – ordenou um dos invasores.

Avançaram destemidos e eu aguardei até os dois invadirem o meu espaço e os ataquei pela retaguarda, envolvendo-os com minha arma em ambos os pescoços.

– Posso saber o querem por aqui? – perguntei com um tom de autoridade.

– Por favor, não nos mate, estamos apenas obedecendo a ordens!

– Ordens de quem? Aqui quem manda sou eu e mais ninguém, as únicas ordens aqui quem dá sou eu.

– O senhor não entendeu, somos escravos de um demônio que nos enviou para destruir esse ponto e tomar posse dele.

– Pois ele que envie outros, vocês agora são meus prisioneiros, isso se quiserem viver. Vou levá-los ao julgamento para que seus destinos sejam decididos.

– Não é necessário. Aprisione-os e veja o que mais eles dirão a respeito do tal que os enviou, quero conhecer melhor nosso inimigo – ordenou-me Ihinar (pronuncia-se "irrinar"). Envolvi os invasores em cordões energéticos e falei:

– Pois bem, agora podem começar a falar.

– Não temos nada a falar, não vamos revelar nada.

O cetro do chefe, que se manteve oculto, tocou no coronário de um deles e, em segundos, ele se transformou em um ovoide.

– Então... Quer o mesmo destino?

Apontei minha espada no meio da testa do outro e sua armadura foi derretendo lentamente até revelar sua verdadeira identidade, até mesmo o seu punhal caiu da cintura. Indefeso, ele confessou, chorando:

– Vou lhe contar tudo, mas preciso que me defenda daquele crápula maldito.

– Aqui estará seguro, mas só se estiver disposto a trabalhar, nada há de lhe acontecer.

– Trata-se de um inimigo do dirigente do terreiro aí em cima e que deseja o fim deste lugar. Planejamos a invasão por aqui, mas não sei o que aconteceu que surgiu este novo posto, então, para não revelar nossa falha ou medo, resolvemos continuar e aqui estamos.

– Mantenha-o aprisionado. Vejo más intenções na mente dele. É um falso idiota, não sabe onde está se metendo – ordenou-me o chefe, sempre pela telepatia.

– Está bem, vejo as intenções dele tão claro quanto o senhor.

Assim fiz e aguardei, assumindo minha forma original assim que aprisionei o coitado no calabouço que construí.

– Prepare-se, vamos ao serviço no templo. Quem sabe esta noite conheceremos esse novo inimigo cara a cara? – disse-me o chefe.

– Mas por que eu? Por acaso não há servidores mais experientes?

– Todos estarão lá. Mas apenas você se manterá na porta e me relatará tudo. E arranje outra vestimenta, esta é horrível, irá assustar as almas fragilizadas que precisamos socorrer.

Como viram, os trabalhos começaram ainda do lado espiritual, antes mesmo de a seção começar. Asseguro que é sempre assim, por este motivo não se recomenda a construção de templos nas casas em que moram, pois ali é um local sagrado, onde a família deve se reunir sentindo os eflúvios suaves de paz e amor advindos do Pai Maior. No entanto, muitas vezes isso não ocorre, o que redobra nosso trabalho.

Na hora aprazada seguimos para os trabalhos daquela noite. Iniciou-se a seção e eu fui alocado na recepção. Ihinar logo notou a ausência de um dos servidores, cuja tarefa era a de embalar os pontos; tratava-se do ogã, para ser claro. Na época, o auxiliar deste estava com a voz rouca, porém a casa estava repleta de pessoas aflitas. Limitei-me à vigilância, atento à movimentação na entrada. Até que, finalmente, o dirigente chegou e parecia abatido, tanto que ignorou alguns preceitos básicos, como os cumprimentos e as firmezas. Isso despertou a atenção do chefe, e, percebendo a estranheza dele, posicionei-me ainda mais atento. Notei então que atrás do homem havia um bando de espíritos zombeteiros ou kiumbas. Eles diziam entre si:

– Hoje vamos acabar com esta palhaçada...

– Isso mesmo, vamos botar fogo neste circo infame!

– Este chefe imbecil já foi dominado e o outro está bêbado até agora.

Percebi a urgência da situação e rapidamente tomei as rédeas das ações que julguei serem necessárias. A princípio, fui ao calabouço e tirei meu prisioneiro de lá, levando-o comigo, em alguns segundos coloquei-o à frente dos comparsas e o inquiri, furioso:

– Aponte-me o chefe, se quer continuar vivo.

– É aquele.

Enviei-o de volta ao calabouço e retornei. Então me disfarcei com a imagem do infeliz, e me coloquei atrás do bando. Silenciosamente, fui capturando um por um dos meliantes espirituais, até que restou apenas o líder e eu o anulei, tirando dele as armas sem que ele percebesse. Liguei-me ao mestre mentalmente e relatei tudo, pois apenas ele podia socorrer seu médium, que também se encontrava ébrio.

– Então faça o que for preciso, não posso sair daqui. Não deixarei a seção ser aberta. Não há condições.

Capturei o inimigo e o levei até Agnaldo, o ogã, que estava caído no chão em total estado de embriaguez. Servi-me de meus atributos e utilizei os olhos do prisioneiro para identificar o obsessor que possuía Agnaldo e anulei sua ação, cortando o cordão com energia. Em seguida, os servidores do alto assumiram os cuidados do jovem. Saí levando os dois imbecis para minha recém-inaugurada prisão. Naquela noite os trabalhos físicos não se realizaram, e uma das filhas se incumbiu de pedir desculpas a todos pelo transtorno. Porém, do lado espiritual, tudo correu normalmente.

Não é por acaso que se recomenda o preceito, não só nos dias de trabalho, como também todos os dias. Não quero privá-los do lazer, mas não posso me furtar de advertir. Médiuns são campos abertos, e as chaves que os fecham se encontram na vigilância e na disciplina.

Nas semanas seguintes, os trabalhos se deram normalmente, não obstante as duras advertências que o dirigente e seu servidor receberam, dadas pelos guias, tanto da direita como, principalmente, do guardião, meu chefe. Porém, minha curiosidade aumentou, posto que, durante as incorporações, presenciei várias vezes o mentor, senhor Ihinar, tragando longos goles de bebida.

– Ora, se o guia pode, por qual razão o médium não poderia? – perguntei-me em meu posto, enquanto rabiscava em meu pequeno caderno de anotações."Eu não faço uso da bebida para me deliciar. Não se trata de brincadeira ou prazer. Se não reparou nisso, aconselho você a olhar mais a fundo da próxima vez," respondeu-me ele por pensamento, em tom severo.

Resolvi que iria atender à recomendação e ser mais atento. Na realidade, depois das seções das giras, eu me sentia um tanto fragilizado, talvez carente de algum recurso para o restabelecimento de meu corpo perispiritual. Então me servia do fluido energético que sempre estava à minha disposição quando retornava ao meu posto, o que representava um imediato alívio, mas a composição exata do líquido, que não era material propriamente dito, apenas fluídico, eu não sabia. Deixei anotado na aba da folha que guardo até hoje um pequeno ponto de interrogação, para evitar o esquecimento.

Nas próximas seções, passei a observar com mais atenção o desenrolar dos atendimentos e notei que os mesmos sintomas que eu sentia, sem dar consultas, acometiam o senhor Tatá, com um grau de severidade maior. Muitos obsessores e muitas larvas eram absorvidos pelos campos energéticos, tanto do dirigente quanto do senhor Ihinar. Então, cada gole absorvido daquela bebida específica surtia o mesmo efeito do fluido do qual nos utilizávamos no retorno ao posto. A porção alcoólica servia apenas para a limpeza do organismo, ou seja, não era absorvida em ambos os organismos. Entendi o porquê de tanta rispidez no tom de voz do líder. Claro que apaguei o ponto de interrogação do caderno, apesar de que ainda levei algum tempo de estudos para descobrir qual bebida seria mais adequada para o meu caso. Tendo esclarecido esse ponto, vamos ao próximo caso, que julguei ser bastante interessante, e cujos espíritos envolvidos autorizaram a divulgação.

As portas do templo ainda estavam fechadas quando uma família simples chegou. Os pais traziam um rapazote em avançado estado de demência, o que lhes causava imenso desânimo. Tratava-se de um quadro de autismo, ainda desconhecido na época. Antes, devo esclarecer que nem todos os casos desta monta se figuram iguais. Coloquei-me em meu posto atento à humilde família, que me causou forte comoção, contudo, mantive a devida discrição. Aguardamos o início da seção que se deu dentro da normalidade. Efetuava tranquilo a limpeza do ambiente, recolhendo as larvas e demais dejetos espirituais, trazidos pelas dezenas de consulentes, até que chegou a vez do menino, que vamos chamar de Eduardo. Tratava-se de uma seção conduzida pelos senhores

Velhos, comumente conhecidos hoje como Pretos-Velhos, e quem os atendeu foi o Senhor João D'Angola. Os pais, senhor Arlindo e dona Amanda, suplicaram a ajuda do guia, que acolheu os pedidos de forma bondosa e calma. Depois de colocar a destra sobre a cabeça do jovem e examinar com atenção, a entidade requisitou o auxílio de meu chefe, que imediatamente me colocou à disposição do caso. Sem saber por onde começar, indaguei ao guia sobre o que fazer. Ele se ligou a mim por meio de um cordão prateado e disse:

– Olhe com mais atenção para dentro do menino, senhor, então poderá ver do que se trata.

Atendi solícito ao pedido e percebi a estranha ausência do espírito naquele corpo. Mas consegui visualizar o cordão dourado da vida, denunciando que deveria ter um ali. Porém, me perguntei onde estaria o infeliz.

– Siga o cordão, pois eu não posso sair daqui – respondeu-me o senhor João, segurando o velho cachimbo, baforando a fumaça e olhando de lado, fazendo os consulentes entenderem seu trabalho. Mais uma vez, obedeci e segui o cordão para investigar. Eis que encontrei a pobre alma encolhida no canto de um recinto logo abaixo de seu corpo. Observei-o por alguns segundos e me dirigi a ele com calma:

– O que está fazendo aqui, amigo?

– Estou com medo dele! – respondeu-me apontando o dedo indicador para o nada e com aflição, encolhendo-se mais ainda.

– Medo de quem?

– Dele... ali...

Como não vi ninguém, decidi penetrar em sua mente sem ser notado. O histórico de sua vida passada ainda pesava na consciência, pois ele fora o algoz de um homem que agora era seu próprio pai, que, mesmo sem querer, alimentava o ódio e estava sedento por vingança. Os motivos desta trama são irrelevantes, contudo, essa cadeia odiosa aliciou outros inimigos, que se aproveitavam da fragilidade do senhor Arlindo para se nutrirem dos maus fluidos que dele exalavam. A par dessa triste situação, anulei as ações maléficas dos inimigos e os recolhi. Depois limpei a mente da pobre alma, que passou a não ver mais seus perseguidores. O próximo passo foi conduzi-lo ao corpo e ordenei, resoluto:

– Não há mais razão para ter medo, portanto, ordeno que assuma o seu corpo, seu lugar e sua missão na vida de seus pais carnais. Eles o perdoaram, perdoe-os também.

Ao mesmo tempo que determinava, toquei no frontal do garoto com minha espada e apaguei todos os resquícios de vidas passadas da memória dele. Dessa forma, ele se acoplou em seu corpo e, então, as correntes do ódio se quebraram. Simultaneamente, o pai, senhor Arlindo, incorporou um caboclo pela primeira vez e decidiu que iria aceitar a missão mediúnica.

Embora ainda tivessem de fazer um tratamento espiritual, a família saiu do terreiro feliz e aliviada, o que me deixou orgulhoso.

Milagre?

Definitivamente não. Apenas fé, disciplina e muito trabalho.

Em algumas ocasiões, a urgência de resgates requer um trabalho mais acelerado por parte dos enfermeiros astrais. Estando os sentimentos negativos muito arraigados, apenas uma dose dos medicamentos necessários para o devido apagamento da memória não é suficiente, mas é muito raro isso acontecer. Por essa razão eu friso: nem todos os casos são iguais.

Apresentarei apenas mais uma ocorrência, para não nos estendermos muito neste estágio de meu aprendizado como Exu de Lei.

Tratava-se da senhora Wilma, que se apresentou na tenda em uma noite quente de verão. Chegou quase no fim dos trabalhos, vinha sozinha, tinha os olhos bem vermelhos e a aparência cansada. Assim que se acomodou em um banco bem ao fundo, pôs-se a chorar discretamente, demonstrando profundo estado de depressão.

"Pudera, com estas companhias!",– pensei, sendo irônico.

Os malfeitores despudorados estavam todos nus, exibindo as partes íntimas eretas e se deleitavam uns com os outros. Claro que foram barrados na entrada por outro companheiro. Fiquei curioso e resolvi verificar com mais atenção a mulher. Notei um ponto negro em seu ventre e seus pensamentos eram inconfessáveis. Detive-me ao lado dela, enquanto a corja inimiga reclamava sua posse:

– Ela é nossa. Não queremos nada com vocês, mas vamos levá-la, já que nos aprisionou terá de pagar o preço que queremos – dizia um dos membros que parecia ser o adutor de todos.

Enquanto isso, a senhora fora chamada para a consulta. Ela relatou seu problema com grande dificuldade, mas aos poucos o atendente a acalmava, até que finalmente ela desabafou entre choros e soluços de arrependimento e dor. Só que aí eu já estava em ação, tomando a dianteira do caso, afinal, desse tipo de problema eu entendia muito bem. Entrei pelo portal negro localizado no ventre dela e segui o longo e sujo cordão negativo que a atava a um ente maléfico, que friamente a conduzia à loucura sexual, aprisionando-a na luxúria e sugava toda a energia fluídica resultante dos atos insanos. A senhora até tentava dissimular o desejo, mas seu inimigo a atormentava, enviando sua milícia para conseguir o que queria.

Esse caso levou um bom tempo de tratamento para ajustar a cura total. No passado, o algoz infeliz atendia todos os caprichos da amante que inescrupulosamente o traía de maneira constante. Quando ele descobriu já era tarde, pois a doença venérea tomara conta de seu organismo e o levou ao óbito inevitável. Como tinha conhecimento de magia, resolveu se vingar, alistando um pequeno exército para influenciar a ex-amante. Ocorreu que, após inúmeras tentativas de conciliação, o imbecil não quis se render ao perdão, tamanho era o ódio que o alimentava. Outra não foi a consequência senão reduzi-lo a ovoide pela espada sagrada da Lei da Geração, cujo dono é um grande companheiro até os dias atuais. Foi dessa forma que a senhora Wilma se viu livre de seus tormentos e se redimiu de suas culpas, rendendo-se aos trabalhos de assistente no terreiro.

Sucederam-se inúmeros casos, que tenho devidamente anotado em minha pequena biblioteca. É impossível narrar todos detalhadamente, apresentei esses apenas para que tenham uma noção do que é necessário fazer para ser um Exu de Lei na Umbanda. Aliás, creio que isso não se aplica somente na esquerda e no embaixo, mas na direita e no alto também, em todas as linhas de trabalho.

Após aproximadamente 17 anos de trabalho árduo a serviço do Senhor Exu Tatá Caveira, ou Senhor Ihinar-Yê, eu pude inaugurar meu trono, meu grau e degraus, que chamei de Calunga.

Mas, por que Calunga? Ora, porque os tempos que vivi com meu velho pai naquele cemitério foram os melhores anos de minha vida milenar, os quais me trazem boas lembranças.

Capítulo 12

Juramento

Estava em meu posto de trabalho revendo minhas anotações e revisitando o passado, tentando compará-lo com o das almas aprisionadas no calabouço do degrau do qual eu estava encarregado, quando então me surgiu uma dúvida: o que faria com aquela turba perdida e encarcerada sob meus pés? Meus olhos se enevoaram e viajei longe, até os tempos remotos de minha primeira encarnação.

– Tudo bem – refleti intimamente. – Eu fui um rei cruel, destruí a vida de inúmeros inocentes, inclusive a do meu mais fiel companheiro, mas onde fiquei aprisionado? Em que cela me puseram? Será que foi só em minha própria consciência? Por qual período?

Avancei um pouco no tempo, sem medo das consequências, precisava saber o que me ocorrera. Reparei então que não se tratava de uma cadeia apenas. O calabouço se assemelhava ao que eu mantinha agora e o guardião local o guardava com rigidez, nada escapava ao seu olhar vigilante. Até que meu salvador se apresentou a ele e lhe ofereceu algumas outras almas em troca da minha, e assim fui liberto e entregue ao grande que me conduziu para nova encarnação.

– Será que é sempre assim? Então estes infelizes aqui aprisionados servem como moedas? – indaguei-me.

– Isso mesmo, Kirsh. No momento certo haverá oportunidade de nos desfazermos de alguns destes espíritos em troca de outros, os quais são mais apropriados ao nosso mistério... Ou ao meu...

– Por que a pausa em sua fala, senhor Ihinar?

– É uma pena, mas creio que em breve receberá autorização para inaugurar seu próprio trono, mas até que isso ocorra, vou lhe mostrar como negociamos as coisas em nosso meio. E saiba que é um grande prazer tê-lo ao meu serviço.

– Há muitas coisas que preciso saber antes de assumir meu trabalho na Lei do embaixo.

– Disso eu sei. Concentre-se e trabalhe.

– Está bem.

Pus-me ao serviço, socorrendo e atendendo os prisioneiros imbecis, afinal, se eles tinham algum valor, era melhor mantê-los ativos e pensantes. Contudo, era uma tarefa desagradável, ainda mais porque a cada trabalho o número de celas tinha de ser ampliado, sem contar o depósito de ovoides. Aprendi a não sentir nada por eles. Nem pesar, nem compaixão, nem amor e muito menos consideração, esses sentimentos cabiam apenas aos servidores do alto, porém, se minha espada sagrada surgia indicando que a Lei deveria ser cumprida, nada os salvava. Claro que antes eu sempre tentava convencê-los a se render por bem, mas era muito difícil isso ocorrer. Mas aprendi que até mesmo os ovoides tinham valor de barganha, por isso os depositava em lugar apropriado e seguro. Se pensam que esses elementos são brancos como os da galinha e outras aves, enganam-se. O nome se dá apenas para referência, mas eles são quase redondos e não tão ovais. Além do mais, as colorações variam de acordo com a criação única e específica de cada um. Por exemplo, se um ser foi gerado e passado aos cuidados do Trono Divino feminino da Geração, juntamente ao Trono Divino masculino do Amor, então provavelmente será dourado no fundo (todos o são) com nuances de azul-celeste e azul-cobalto entrelaçados, identificando-lhes a origem ancestral. São transparentes e evidenciam sempre a existência de vida ativa e pulsante no interior, do contrário, não seria possível o resgate do ser, que será reintegrado à evolução novamente, assim que estiver purificado de suas negatividades.

Mas vamos retomar nossa narrativa. Estava distraído e envolvido em minhas ocupações rotineiras, quando o senhor Ihinar me interrompeu:

– Venha, senhor Kirsh, vou mostrar como as negociações são feitas. Assuma sua forma de poder e redobre sua atenção.

O senhor Ihinar escolheu cuidadosamente um dos ovos e mais três prisioneiros, que foram amarrados aos cavalos imensos que tínhamos, e partimos pela vastidão do abismo infernal, aparentemente sem fim. Oculto em meu disfarce, não mais sentia medo da escuridão, tampouco dos gemidos longos e sofridos que se ouvia por todos os lugares. Chegamos a um ponto cavernoso quatro graus abaixo, onde o chefe se apresentou:

– Laroiê-Hô, guardiões deste portal – disse o senhor Ihinar.

– Quem se apresenta?

– Sou Exu Tatá Caveira e venho em nome da Lei.

– Ami-Hór-Yubá, senhor. Mas quem é este que está ao seu lado?

– Meu servidor, senhor Exu Calunga.

Apresentei-me, desfazendo minha forma e orgulhoso pelo nome ao qual o líder se referiu a mim.

– Lari-hô, guardião!

– Entrem logo. Estes outros são prisioneiros?

– Sim.

Todos estavam firmemente atados em cordões energéticos e apresentavam um sinal idêntico ao que vi na entrada do posto. Entramos cautelosos, e quando chegamos a um enorme saguão todo avermelhado e iluminado pelas chamas de tochas grandes, espalhadas pelas paredes, um senhor estava sentado em seu trono negro e nos recepcionou cordialmente.

– Salve, nobres guardiões. O que desejam, sejamos breves, pois não temos tempo a perder.

– Vim em busca de uma senhora aprisionada em seu reino, mas que pertence ao meu. A poderosa Senhora dos Ventos ordenou o seu resgate. Temos estes três imbecis que lhe pertencem e mais este infeliz anulado pela Lei e que deve ser encaminhado pelos seus mistérios para o destino que bem entender.

– Acompanhe meu soldado até as masmorras, se encontrarem a tal meretriz, tragam-na até aqui, então vamos ver se o que me trouxeram é suficiente.

O senhor Tatá atendeu sem reclamar. Descemos até as celas e após uma longa busca, encontramos a mulher, que estava em total estado de demência e num flagelo absurdo.

– É essa aqui soldado.

O servidor abriu a cela e a tirou de lá. De volta ao salão principal, o líder local falou:

– Então é esta coitada que querem? Se soubessem o trabalho que deu para conseguirmos aprisioná-la! Estava envolvida em uma magia espelhada e se passava por uma Pombagira Rainha Sete Saias. A postulada do trono estava furiosa e queria aniquilá-la, mas a mão poderosa da Senhora da Lei não permitiu. Foi preciso o auxílio de um mirim enviado pelo Poderoso Mehór-Yê. Mas podem levá-la. Ela já está aprisionada há bastante tempo, e creio que o que me trouxeram está justo.

– Agradecemos e pedimos licença para nos retirarmos.

– Tenham cuidado, há uma corja de malditos à solta por aí.

– Não se preocupe conosco.

Retornamos em meio às trevas destemidos e transfigurados, cada qual em sua forma de poder, montados em nossos alazões, que se assemelhavam a dragões alados, levando conosco a imunda infeliz recoberta com o manto negro do chefe, que a levava de maneira não muito cordial.

– Estas almas imundas não merecem nenhum tratamento mais digno. Quem se utiliza do nome de um mistério consagrado só presta mesmo é para apanhar. Mas não vou fazê-lo por respeito à Grande Senhora que nos solicitou. Se não reparou, a moça traz em si os símbolos sagrados de sua criadora.

– Eu reparei sim, companheiro! Às vezes penso: será que um dia fui tratado assim?

– Creio que não. Seus sofrimentos foram apenas da consciência. Mas se porventura agisse como esta infeliz fez, certamente teria sofrido de forma semelhante. Agora, cale-se, estamos entrando em território neutro, onde a Lei não age... Por enquanto!

Calamo-nos e volitamos rapidamente até nosso ponto, onde nos limpamos das impurezas características do ambiente que atravessamos. Por isso o plasma sanguíneo purificado dos médiuns é importante, é com ele que nos asseamos.

– Percebeu a importância que têm nossos prisioneiros?

– Agora entendi.

– Quando assumir seu trono, lembre-se de identificar os que podem lhe servir como escravos para doutriná-los, e os que podem ser úteis em barganhas.

– Meu trono?

– É uma pena, mas em breve terá essa missão.

Apresentamos a mulher à Grande Senhora, que ordenou:

– Encaminhe-a para tratamento, depois a recolherei em meu seio para ser purificada.

Imediatamente, um veículo parou em frente ao portal e a levou para o posto socorrista destinado apenas a seres femininos, onde ela foi devidamente tratada.

Retomei minhas memórias para colher delas as abençoadas lições da vida na carne, obedecendo sempre ao trabalho, já que em nosso meio isso é o que não falta.

Mas então o Grande Senhor Agne-Yê se apresentou e ordenou com voz firme:

– Vem até mim no Grande Oriente na próxima aurora.

Ajoelhado, respondi:

– Assim será.

Despedi-me do senhor Ihinar-Yê, que me disse:

– Chegou a hora, irmão. Seu trabalho aqui foi de grande valia e sempre o será, sempre que quiser será bem-vindo em meu ponto. Tenha paz!

Cheguei mais cedo nos portais do Grande Oriente Luminoso, não queria me atrasar e estava bem ansioso, até um pouco nervoso, pois não sabia o que me aguardava. O Senhor Agne-Yê veio ao meu encontro, vestido como um rei. Sua coroa brilhava na cabeça e seu cavalo estava encilhado de forma majestosa.

"Para que tanta pompa?", pensei, inquieto.

– Acompanha-me, Kirsh.

Caminhamos até um grande salão, onde todos os grandes estavam reunidos em torno de uma enorme mesa. Outras 77 entidades luminosas completaram a assembleia, todos em vestes majestosas, a exemplo de meu Senhor.

– Prossigamos com a nomeação deste servidor da Lei Maior e da Justiça Divina – disse o mestre da cerimônia, abrindo a reunião.

– Este encontro é para nomeá-lo como Exu de Lei, por isso todos os grandes estão aqui para que não haja dúvidas quanto à tua identidade perante os trabalhos do embaixo. Estás ciente das responsabilidades advindas de teus atributos e de tuas atribuições?

– Sim, estou – respondi sem vacilar.

– Perante o testemunho de todos aqui presentes, juras fidelidade à Lei e à Justiça, sempre respeitando as ordens a ti delegadas? – perguntou-me o Grande Senhor da Lei.

– Sim, juro.

– Sendo assim, eu, IIÀ-Fér-Seiman-Hamser-Ágne-Yê, em meu nome sagrado, te consagro doravante como Exu de Lei, na Lei imutável do Criador, que habita no mais alto, no altíssimo, e cuja presença se confirma na imagem de cada um dos guardiões sagrados aqui presentes, postulados por Mehór-Yê, o qual te presenteará com o Cetro Sagrado da Lei. Tens plena ciência de que com ele em teu poder poderás vir a julgar, punir, perdoar e executar o que te for determinado pela Lei, até mesmo nos corpos viventes na crosta, absorvendo-lhes as energias negativas ou trazer-lhes a vitalidade dos sentidos?

– Sim, tenho.

– Que a sabedoria ancestral que habita em nós seja a mesma que em ti viverá daqui por diante. Diz teu nome sagrado.

– IIhór-Kirsh-Naárgon-Aoum-Hamfér.

– Eu o nomeio Mestre Supremo IIhór-Kirsh-Naárgon--Aoum-Hamfér-Yê, e todos do alto e do embaixo deverão reconhecer-te desta forma. Assim foi escrito e assim será até que a geração pecadora do planeta Terra se purifique, para honra e glória de Deus Nosso Criador, que habita no mais alto, no altíssimo.

Todos bradaram alto um mantra que reluziu em meus símbolos sagrados e a reunião se desfez. Empunhei meu cetro sagrado e minha espada, e desci ao embaixo para formar meu trono e meu mistério, logo abaixo de um cemitério localizado no sertão do atual estado de Minas Gerais.

Assim nasceu meu trono Exu Calunga, assentado à esquerda do Divino Trono da Lei, postulado pelo Senhor IIHór-Oum-Om-Hulu-Fér-Yê, há mais ou menos 60 anos. Mas tive de esperar algum tempo para assumir meu terreiro, que vamos tratar a seguir.

Capítulo 13

A Missão

Galguei os degraus sombrios da evolução respeitando todas as imposições da Lei Maior sem reclamar, mas agora deveria conduzir um filho ao resgate. O que fazer? Sem reclamar, aceitei a missão na Sagrada Umbanda, que é uma religião Setentrional da Tradição, que fora quase extinta. Não fosse pelo esforço dos 77 Senhores Magos dos Cristais Sagrados em manter essa tradição viva, ativa e pulsante não existiria a Umbanda, pois todos os seus fundamentos estariam perdidos. Mas só no mês de novembro de 1908 da era cristã é que ela foi implantada, como é sabido por todos. O jovem Zélio sofria forte influência espiritual, que todos conheciam na época como demoníaca, mas o amigo espiritual que o socorreu era um dos grandes Magos da Esfera Cristalina Branca, que coordena todas as magias. Foi assim que as tradições sagradas foram reativadas na esfera humana da evolução, por meio de um simples gesto, do amigo Senhor Caboclo das Sete Encruzilhadas. Aliás, é bom que saibam que até mesmo estas nomenclaturas têm como base o efeito mágico que provocam nas mentes incautas dos incrédulos, pois no astral a denominação se dá de forma diferente. Para não complicar, deixemos este pormenor de lado e prossigamos.

Dessa forma, depois de passar por tudo pelo que passei para me tornar um Guardião da Lei Divina no embaixo e à esquerda do Trono Sagrado da Lei, assumi minha posição na vida de um homem, amigo de longa data ao qual sempre serei grato pela oportunidade de trabalho, e que muito corajosamente encarou a missão de reencarnar e de sofrer todas as agruras da vida terrena na carne. Não é normal falarmos de nossos filhos encarnados, mas deixo aqui um pequeno parêntese para ficar evidente a importância que todos vocês têm quando assumem suas missões espirituais na Lei de Umbanda. Foram necessários vários anos de vigilância junto a meu filho na Terra até que ele se tornasse um Sacerdote. Mas até que isso ocorresse, tive de suportar muitas e muitas escorregadas de conduta dele. Isso no cenário atual em que o mundo se encontra é bem mais comum do que imaginam. Quando vagamos pelas ruas encontramos muitas, mas muitas pobres criaturas perdidas nos bares, sem se dar conta da missão que poderiam assumir, e mesmo até entre os que se dizem médiuns, podemos verificar tal condição deplorável. Não os condeno à total abstinência, porque o equilíbrio é essencial em tudo. Contudo, devemos observar que não é só o alcoolismo que prejudica e que representa um vício, ou o tabagismo, mas existem também vícios de toda sorte, como o da sexualidade, por exemplo, centenas de pais ou mães de santo sofrem com este sortilégio. Há o vício pelo dinheiro, que leva a roubar, consequentemente, pela mentira. Ou seja, a fraqueza por bebidas em excesso é apenas a ponta da geleira, o que há para baixo é onde se encontra a grande causa da queda humana.

Tudo na vida representa necessidade, por isso mesmo se diz que é vida, para ser vivida, mas sempre observando o equilíbrio, seja em que sentido for: na bebida, no sexo, na ambição, no amor, na religião, na alimentação, porque, afinal, vocês estão encarnados e o corpo necessita de tudo isso, senão não seria corpo vivente, seria apenas um mecanismo inanimado. No entanto, lembrem-se de que o que anima seus organismos é um espírito que, como eu, já passou muitas e muitas vezes pela carne e que em algum momento errou e por isso está na Terra, para resgatar e corrigir os erros do passado. Como foi ele? Não importa. Façam o melhor que puderem, superem-se em cada ato ou tarefa, e se são umbandistas a missão é ainda maior. Eis a razão que explica o porquê de muitos filhos passarem por inúmeras dificuldades. A correção é necessária, expurgar os defeitos e os vícios é o único meio que encontramos para puxar as rédeas da boa conduta para junto de nosso peito. Só quando tal encarnado se encontra alinhado com a disciplina, sendo honesto, justo e de bom caráter, é que se pode dar a ele tudo o que quer para que sua vida seja plena e realizada em todos os sentidos. Aos que pensam que suas ações obscuras passarão em branco, que se arrependam e as corrijam imediatamente, pois o julgamento é justo e nós, Guardiões da Lei, não hesitaremos em cobrar o que a Lei determinar.

Dessa forma, quando estiverem chorando suas amarguras, que repensem seus atos e suas palavras, olhem-se e eliminem o desequilíbrio de suas vidas, sejam eles quais forem. Vício é desequilíbrio, os dois andam juntos. Com eles, caminha uma milícia de seres inimigos da moral e dos bons costumes que está sempre de prontidão para se aninhar na aura dos desavisados, e dela só saem quando são ou capturadas por nós, ou quando um comandante astuto, que se reveste de pastor, manda. Isso mesmo, não vou dizer o nome, mas ele é uma das sete bestas, que pretensamente querem dominar toda a horda espiritual humana. Mas enquanto tivermos vida em nossos peitos e nossos cetros sagrados estiverem em nosso poder, isso não será possível. Eis mais uma razão pela qual muitos irmãos encontram-se em desgraça e se apegam àquela falsa salvação. Creiam, estes vendilhões serão expulsos no tempo certo, e não vai demorar. Até que isso ocorra, mantenham-se vigilantes e vivam a vida plena, mas com equilíbrio.

Recentemente assumi minha posição no terreiro de meu filho e com ele seguirei até o fim da vida. À filha, que ao lado dele se encontra, deixo minha gratidão por acompanhá-lo e por conseguir reconduzi-lo no caminho. Poderia explanar aqui sobre diversos assuntos ou mesmo passar alguma magia que beneficiasse a todos de alguma forma, mas os casos são muitos. Por isso, apenas digo: não existe magia maior que a da oração, juntamente à vigilância e à reforma íntima, é a mais poderosa magia de transformação que vocês podem realizar.

Creio que consegui explanar de maneira sucinta tudo pelo qual uma entidade precisa passar para se tornar um Guia de Lei, na Lei da Umbanda Sagrada, que é uma religião da Tradição, seja ele da direita, seja da esquerda, do alto ou do embaixo. Todos os irmãos espirituais conheceram as agruras da encarnação e se apresentam nos terreiros não só para adivinhar o passado ou o futuro dos consulentes, mas também para lhes restabelecer o equilíbrio físico, mental e espiritual, a fim de continuarem suas vidas com mais confiança em um futuro melhor para eles e seus descendentes.

Assim o é, para Honra e Glória de nosso Único e imutável Criador Celeste, no mais alto dos céus.

Ami-Hór-Yubá, em meu nome Sagrado:

IIhór-Kirsh-Naárgon-Aoum-Hamfér-Yê.

Fim!

Marina Vidigal

PARA SER GRANDE

As histórias de sucesso de 20 empreendedores brasileiros

ABRAHAM KASINSKY • ALBERTO SARAIVA • ALEKSANDAR MANDIC
ALEX PERISCINOTO • ÂNGELO SALTON NETO • CAMILO COLA
CHIEKO AOKI • CRISTIANA ARCANGELI • DANIEL RIVAS MENDEZ
ELÓI D'ÁVILA DE OLIVEIRA • GUILHERME PAULUS
IVAN FÁBIO ZURITA • LAÉRCIO COSENTINO
LIRIO ALBINO PARISOTTO • LUIZ SEBASTIÃO SANDOVAL
MICHAEL KLEIN • OZIRES SILVA • PETER GRABER
ROBINSON SHIBA • WASHINGTON OLIVETTO

2ª impressão

editora Original

Este livro segue as normas do novo ACORDO ORTOGRÁFICO

© 2009 Marina Vidigal

Diretor editorial
Marcelo Duarte

Coordenadora editorial
Tatiana Fulas

Assistente editorial
Karina Danza
Juliana Amato

Assistente de arte
Fernanda Pedroni

Projeto gráfico
Ana Miadaira

Diagramação
Divina Rocha Corte

Preparação
Maria Sylvia Corrêa

Revisão
Telma Baeza G. Dias
Alessandra Miranda de Sá

Impressão
Orgrafic

CIP – BRASIL. CATALOGAÇÃO NA FONTE
SINDICATO NACIONAL DOS EDITORES DE LIVROS, RJ

V695l

Vidigal, Marina
Para ser grande – A história de 20 empresários brasileiros e as principais virtudes que os conduziram em suas trajetórias / Marina Vidigal. – São Paulo: Original, 2009. 296 pp.

ISBN 978-85-62900-00-6

1. Virtudes. 2. Conduta. 3. Sucesso. 4. Empresários – Entrevistas. I. Título.

CDD: 179.9
09-3683. CDU: 179.9

2010
Todos os direitos reservados à
Editora Original Ltda.
Rua Henrique Schaumann, 286, cj. 41 – 05413-010 – São Paulo – SP
Tel./Fax: (11) 2628-1323
edoriginal@pandabooks.com.br
www.pandabooks.com.br